Rosalía
por ahí por Barcelona...

AF275876

Maricel Chavarría

Rosalía
por ahí por Barcelona...

libros**devanguardia**

Rosalía, por ahí por Barcelona...
© Maricel Chavarría Espuny, 2026

© 2026, de esta edición:
La Vanguardia Ediciones, S.L.
Diagonal, 477, 7.ª planta
08036 Barcelona

Primera edición, abril 2026

ISBN-13: 978-84-18604-66-9
Depósito legal: B 5931-2026
Imagen cubierta: Julie Sebadelha / Getty
Composición cubierta: Anna Belil
Edición: Toni Merigó

A Toni, Cinta, Rosa, Joan y Esteban, que en origen cultivaron mi instinto musical

Índice

Prefacio (una idea)

¿Es Rosalía a Barcelona lo que los Beatles fueron a Liverpool en los años sesenta del siglo pasado? Quizás sea esta una comparación demasiado arriesgada. Pero hay algunas consideraciones que invitan a hacer volar la imaginación. Por notoriedad; por ingenio creativo y por el impacto que tienen, a escala global, sus propuestas innovadoras; por ser icónica y camaleónica; por fiarlo todo a su gran capacidad de trabajo, por todo ello se debería poder valorar lo que supone, para la escena musical barcelonesa, ser la ciudad de "la Rosalía", que es como ella se refiere a sí misma con flashes autorreferenciales. Los jóvenes músicos de Liverpool se beneficiaron de tener un puerto a donde llegaban marineros de Estados Unidos cargados de discos con música negra. En el caso de la Barcelona de Rosalía, la ventaja hay que buscarla en el hecho de que la artista haya interioriza-do un cruce prodigioso de estilos musicales que tiene como escenario una ciudad que también es portuaria. Los discos de Chuck Berry llegaron a manos de Paul, John, George y Ringo en barcos de la Navy, mientras que las voces que sostienen el canto de Rosalía viajaron online, o vinieron en tren o autobús desde el sur, o en avión desde las Américas.

Pero no solo de las influencias se ha beneficiado la artis-ta. También se ha ayudado de un sistema de escuelas exce-lente y de un tejido asociativo en torno a la música que nun-ca se ha valorado del todo. Eso ha permitido a Rosalía llevar luego su cante flamenco por diversos derroteros creativos hasta derivar en cortes experimentales de la contempora-neidad. Lo novedoso es su amplitud de miras estéticas, cul-turales, musicales, espirituales, sociales... Sin miedo –y sin red– ha logrado enamorar y desconcertar a medio mundo con un concepto artístico cargado de pequeños y grandes mensajes. Barcelona la celebra en pleno auge de su álbum *Lux* y la reivindica como hija de una escena de fusión musi-cal de largo recorrido.

Rosalía, por ahí por Barcelona...

Es miércoles por la tarde en Barcelona. La Rambla sigue en plenas obras de reforma, caótica y polvorienta. El sol de enero se las apaña para penetrar hasta las primeras mesas del Cafè de l'Òpera y le añade encanto a la bruma. Sentado a contraluz, el coreógrafo Blenard Azizaj cuenta su infancia en Albania. Dice que cruzó a pie las montañas hasta Grecia, de forma clandestina. Lo pillaron. Cruzó de nuevo. Y esta vez fue un profesor de danza quien lo descubrió cuando bailaba al son de Michael Jackson subido a una mesa en una taberna de la isla de Siros. Hace décadas de todo esto. Ahora le contrata gente como la artista Marina Abramovic, con la que esta noche tiene función del espectáculo *Balkan Erotic Epic* en el Liceu.

"¿Sabes que viene Rosalía?", comenta Blenard, sin darse cuenta de la primicia que está dando a esta periodista. "Ha llamado a Marina, va a venir, quiere ver el espectáculo. ¡Aaah, Rosalía! Esa chica ya no es una cantante, ¿eh? Esta chica es artista. ¡Me gustaría trabajar con ella! ¿Sabes si vive en Barcelona?".

La anécdota dice mucho del modo en que esta ciudad vive el éxito de Rosalía. Hay un pacto tácito entre colaboradores y amigos de no revelar sus movimientos. De guardarle el secreto hasta el final si ha de acudir a un lugar concurrido. Si puede, se mueve en moto. Usa alguna puerta de atrás en la que la espera un séquito silencioso. Incluso hay una prensa respetuosa que se reserva la información sobre si tiene casa en la montaña o piso en el Eixample o en un barrio junto al mar, razón por la que habría escogido la cafetería Pècora de Poblenou para una entrevista con la revista *Elle*. Lo primordial es que se sienta cómoda. Que no se vea obligada a vivir en la otra punta del planeta porque en su tierra la gente no la deja respirar.

Este miércoles, a última hora, Rosalía y los tres acompañantes con los que iba a ir al Liceu cancelan su presencia. No habrá foto suya en Instagram con Marina Abramovic en Barcelona. Lástima, porque este encuentro, exportado al mundo, daría una pista más sobre quién es realmente Rosalía. Y de cómo, desde la música, puede transformar y amplificar la percepción que se tiene sobre la performance conceptual, que es algo que ya lleva un tiempo poniendo en práctica en sus vídeos. Está claro que Abramovic es consciente de ello; o por lo menos lo intuye cuando expresa su deseo de colaborar con ella. La artista serbia ha llegado a bromear formulando un deseo posmortem: que Rosalía cante *My Way* en su funeral.

Al día siguiente de suspender Rosalía su asistencia a *Balkan Erotic Epic*, circula un vídeo en el que se la ve caminando por la Zona Franca con la modelo francesa Lola Bahia, con quien se especula que vive un romance. ¿Qué estarán haciendo por allí? ¿Acaban de salir del estudio que

Rosalía, por ahí por Barcelona...

la artista se construye en l'Hospitalet? ¿Es de esta fecha el vídeo? Lo que sí es seguro es que esa noche se prepara una sorpresa mayúscula. La artista de Sant Esteve Sesrovires –"Jo soc de poble", bromeaba de joven– aparece sin previo aviso en el concierto solidario organizado por Act for Palestine en el Palau Sant Jordi. Actúan Bad Gyal, Lluís Llach, Amaia, Morad, Oques Grasses... y Rosalía, que ha escogido Barcelona para sumarse finalmente a la causa. Es su ciudad, pero también una de las urbes mundiales que más se ha significado contra el genocidio de Gaza. Es ahí donde la creadora e intérprete canta *La perla* por primera vez en directo fuera de la televisión. Y para este vals irónico de *Lux* se hace arropar no por el grupo mexicano de música tradicional que en el disco le da un aire ranchero, sino por un cuadro flamenco de guitarra, doble cajón y cantaoras al compás que –mala suerte– son víctimas de una deficiencia de volumen achacable a la mesa de sonido. Da igual. Los medios se hacen eco.

Este libro empieza a tomar cuerpo a principios del 2026, mientras Rosalía prepara la gira de *Lux* que en primavera

• Aparición sorpresa en el concierto por Palestina que se celebró en enero del 2026 en el Palau Sant Jordi de Barcelona, donde cantó por primera vez en directo 'La perla'. | ANA JIMÉNEZ / ALVG

la traerá de vuelta a Barcelona. Este cuarto trabajo disco-gráfico, en el que ella se reinventa e introduce el sinfonis-mo y todos los lenguajes musicales posibles al servicio de su propia narrativa, la catapulta definitivamente no ya en el mercado latino, que hace años que la adora, sino en el impenetrable mundo anglosajón. Rosalía se ha metido en las listas de éxitos de Estados Unidos y Gran Bretaña. Y es rarísimo que un grupo pop no anglosajón aparezca en ese *hit parade*. El diario británico *The Guardian* comienza el año elevándola a la categoría de "soberana indiscutible de la marca España en la escena pop mundial". Y le dan el Brit Award a Artista Internacional.

Pero, ¿cómo se puede valorar su irrupción en el firma-mento desde una perspectiva más local? ¿Es arriesgado sostener que en Rosalía cristaliza esa Barcelona que lleva más de cincuenta años exhibiendo vocación experimental de mestizaje musical? Esa Barcelona que en las últimas dé-cadas ha destacado por ser una fábrica mediterránea de hi-bridación cultural. Comenzando por la aparición de la ona laietana, que, en los años setenta, experimentaba desde el Zeleste con la onda progresiva del jazz y el rock, los ritmos aflamencados y los cantautores galácticos.

Aquel nuevo flamenco que hace medio siglo interactuaba con todo tipo de músicas —las de raíz, las negras, las pop, las urbanas– encontrará eco y cuna en Barcelona. Y será justamente ese el género con el que Rosalía inicie su trayectoria discográfica. Con apenas 24 años, la artista sacará su alma vieja y se plantará en la escena con un canto a la muerte, *Los ángeles,* que surge por alegrías, por seguiriyas, por malagueñas. Su carrera empieza así: con un flamenco crudo e íntimo acompañado de las distorsiones vanguardistas de Raül Refree, músico explorador, amante de proyectos de calado experimental. Por ella apostó el Guitar Festival, organizado por The Project de la mano de Joan Roselló y Tito Ramoneda.

La meteórica carrera de Rosalía merece ser objeto de estudio sociológico y artístico. Convertirse con cuatro álbumes en estrella planetaria del pop es algo muy poco habitual en el sur de Europa. Hay pocos precedentes. Uno de ellos es Julio Iglesias, que, aunque tiene más fama global, ni siquiera ha entrado en una cierta liga creativa que sí ha conquistado la autora de *Lux*. La industria ha dirigido la fuerza del viento que la impulsa; se ha creado expectación con planificaciones muy meditadas; toda la imagen está cuidada hasta el detalle; su madre coordina toda su carrera; se rodea de productores, no solo en nómina de Sony... pero es ella la que destaca musicalmente por esa facilidad inusual para incidir en géneros ya conocidos, dándoles siempre un toque personal. Rosalía echa mano de sus gustos personales; y de aquello que está vigente en su entorno y que le agrada. Abrazará el trap con *El mal querer*. Se pondrá muy reguetonera con *Motomami*. Pero lo asombroso es que es capaz de llegar a un público *mainstream* con un trabajo en el fondo complejo y experimental. Como *Lux* en que se inspira en mujeres místicas de todos los tiempos.

Rosalía se inventa como icono, es autorreferencial. Pero hace de ella un mito accesible, cómplice. Sabe mostrarse humana y cercana. Y conecta con referentes insospechados. Una estudiante de turismo que cuida a gente mayor en Barcelona asegura que en Ecuador tienen una Virgen cuya imagen coincide con esa Rosalía vestida de monja en la portada de *Lux*.

Mientras conversamos con el coreógrafo Azizaj y tomamos un café en la Rambla, la lista de seguidores de Rosalía sigue creciendo de forma exponencial.

Si es verdad que, como dice la máxima, es en la infancia y la adolescencia cuando te conviertes en la persona que eres, defines tus gustos, absorbes lo que te rodea y decides lo que vas a llevar contigo a lo largo de la vida, cabe resaltar que la figura que hoy conocemos por Rosalía se construyó en su pueblo del Baix Llobregat y en Barcelona. Todo lo que la marcó y todo lo que ha incorporado a su acervo podía estar sucediendo a miles de kilómetros de distancia, gracias a

Rosalía, por ahí por Barcelona...

la omnipresencia de la nube y la inmediatez de las redes sociales, o podía estar pasando en el libro que sostenía entre las manos, pero también al doblar la esquina, en el Tablao Flamenco Cordobés de la Rambla o en el Festival Sónar de Día, en los tiempos en que se celebraba en el CCCB (Centre de Cultura Contemporània de Barcelona). Sea como sea, ella lo ha vivido desde este rincón del mundo; de niña, en Sant Esteve Sesrovires y, de jovencita, en las escuelas de música y baile, cuando aprovechaba para empaparse de la poliédrica escena musical barcelonesa y para foguearse en garitos de todo tipo.

Su genialidad nace en ese contexto. En un entorno que le aporta inquietudes, conocimientos. Compañías inspiradoras que mantienen despierta su curiosidad. Es en esa Barcelona donde recibe influencias, tanto de la industria musical como de la escena más underground por la que se ha querido mover. Y todo ello lo gestiona de forma consecuente y meditada esta creadora atravesada por la lucidez cuando se proyecta más allá de su ciudad. Todo es parte de su obra. Los procesos de intercambio cultural han modelado un estilo único. Lo sostiene, por ejemplo, Ricard Robles, cofundador del Sónar y partícipe de la revolución que vivió Barcelona en el cambio de siglo: "Las raíces barcelonesas de Rosalía han sido fundamentales para definir un perfil de *artista 2026*".

Libros de Vanguardia dedica este ensayo a explorar el vínculo de Rosalía con Barcelona, las fuentes de las que bebió y a las que de vez en cuando vuelve... las colaboraciones artísticas que mantiene. Esa ciudad a la que se refiere de forma explícita en su último disco: "El descaro lo aprendí por ahí por Barcelona". Y en la que se reconoce y con la que comparte valores: es extrovertida, experimental, mestiza. Rosalía es un fenómeno global enraizado culturalmente en las esencias de la ciudad, en ese espíritu de acogida e interconectividad artística y cultural que se demuestra con el jazz, con las músicas de raíz o con la world music.

¿Puede su actual éxito contribuir a internacionalizar un nuevo *sonido Barcelona*? ¿Puede profundizar en ese sello distintivo que, en el cambio de siglo, tan social y político, alumbraron artistas como Ojos de Brujo, Macaco o Manu Chao? Ciudades como Bristol o Manchester acuñaron en aquellos años el sonido inconfundible que las hacían únicas, mientras que, por las razones que fuera, Barcelona no acertó a presumir del suyo. La capital catalana tiene ahora la oportunidad de resituarse, de la mano de Rosalía y de su mestizaje contemporáneo radicalmente amplio, en el mapa de los sonidos planetarios. Es hora de reivindicar su rico pasado para esbozar un futuro mejor.

La artista y el porqué del éxito

El nombre de Rosalía (del latín *rosalia,* "celebración de las rosas") evoca gracia, belleza, delicadeza y amor. En la antigüedad se vinculaba a los festivales romanos, con guirnaldas y rosas, que se dedicaban a los difuntos. Hoy es sinónimo de persona innovadora.

Rosalía Vila Tobella (Sant Esteve Sesrovires, 25 de septiembre de 1992) no nació en el seno de una saga de artistas de la música, el arte o la performance. Pero su familia hizo por ella dos cosas vitales: alimentarla culturalmente y alentarla en su vocación artística. Su padre fue el primero que la animó a cantar a muy temprana edad. Y el ejemplo de disciplina, rigor y organización que vivió desde pequeña en casa explica esa combinación de creatividad y meticulosidad que la caracteriza.

Su madre, María Pilar Tobella Aguilera, ocupaba un puesto directivo en la empresa familiar de metalurgia, dedicada a la fabricación de placas metálicas (Suprametal, SA). Su padre, José Manuel Vila, nacido en Asturias, de padre gallego y madre andaluza, trabajaba en el sector de la construcción de naves industriales. Y María Pilar hace ya una década que lo dejó todo para ayudar a Rosalía gestionando Motomami SL, su empresa. Su hermana, Pili, es su inseparable mano derecha.

La artista se crió en un entorno de clase media, en un municipio del Baix Llobregat que tiene su importancia como localidad de la industria manufacturera en Catalunya. A los 4 años la matricularon en una escuela de danza del pueblo, Ses Dansa, donde hacía jazz. En los vídeos de infancia se la ve en el jardín de casa inventando coreografías con la música de Ricky Martin. Ella y su hermana eran muy amantes de los collages con recortes de revistas de moda, y aún hoy Pili la asesora en su concepto estético.

A los 9 años comenzó a tomar clases de música y a los 13 incorporaría también el flamenco. Lo descubrió una tarde junto al parque Canals i Nubiola. La voz de Camarón salía a todo volumen de un coche. No había escuchado una voz tan visceral. Era la expresión más pura que había oído en mi vida, diría Rosalía. Era pronto para saberlo, pero aquel sería

• Una jovencita Rosalía con su madre, Pilar Tobella, que le inculcó rigor y constancia en el trabajo. | ALVG

el arte que marcaría su creatividad. En el pueblo buscaba oportunidades para cantar. A esa edad actuó por primera vez en público, en la pista polideportiva, ante mil personas. En el colegio, la cocinera la oyó cantar por casualidad y se la llevó a la Entidad Cultural Flamenca de Sant Esteve Ses-rovires. Y al gerente del bar del Casino le pedía a menudo que le dejara salir con la guitarra en la sala de actos. Aún circula un vídeo en el que Rosalía anima a sus compañeros de instituto a corear *Wonderwall* de Oasis.

Acabado el bachillerato, quiso formarse en las escuelas de música de Barcelona. Aquellos fueron años de aprendizaje y descubrimiento, de currar en los tablaos, de curtirse en propuestas de fusión de alto nivel como Kejaleo, de maridar sus gustos e influencias de su entorno cotidiano... o de no parar hasta ver cumplido su deseo de publicar un primer álbum con cantes flamencos antiguos. No con músicos tradicionales del gremio, como era su deseo inicial, pero sí al alimón con un artista vanguardista como Raül Refree que le señalaría el camino de mixturas estéticas que le abren paso en su carrera. Su revolución musical llega con un álbum conceptual como *El mal querer*, que será su ticket hacia la escena internacional. Y sigue adelante en su búsqueda de una expresividad radical, transformándose y reinventándose.

Pedro Almodóvar la lleva al cine, cantando un tema de Lola Flores mientras lava ropa en el río con Penélope Cruz en *Dolor y gloria*. Las revistas de moda la sacan en portada. Acumula dos Grammy al mejor álbum y hasta catorce

Grammy Latinos y diversos premios MTV. Y a su contrato discográfico con Columbia/Sony Music le añade otro acuerdo global de coedición con Universal Music Publishing Group.

Una de las constantes de Rosalía es la interacción, es decir, la convicción de que su yo artístico necesita del yo artístico del otro. Lo corrobora el crítico musical de *La Vanguardia* Esteban Linés cuando advierte que, en realidad, la creadora catalana es un ejemplo paradigmático de que el mestizaje no es solo una estilística cultural, sino que es algo más radical, algo tan vital como puede serlo el respirar. Y esa capacidad suya de buscar, encontrar, sentir y transformar con su ADN es un rasgo indisociable de su arte.

Rosalía interactúa enseguida con artistas y colegas a los que escoge y contacta. Billie Eilish queda fascinada cuando ella le envía el video de *Malamente*. Su lista de colaboraciones es fascinante, añade el crítico barcelonés. Y los enumera: Björk, Bad Bunny, James Blake, Ozuna, J. Balvin, Travis Scott, El Guincho, The Weeknd, Refree, C. Tangana, Tokischa, Arca, Alizzz, Ralphie Choo, Sílvia Pérez Cruz, Estrella Morente, Rauw Alejandro, Yves Tumor, Pharrell Williams, Noah Goldstein, Romeo Santos, la misma Eilish... "Es una manera de sentir-vivir-crear que le ha servido tanto para devenir en brillante figura transfronteriza como para, en cierta manera, impermeabilizarse ante el modus vivendi y operandi de estas grandes ligas en donde la fama o lo crematístico son prioridades para no pocos/as", añade el crítico de *La Vanguardia.*

Entre las razones de su éxito está el haber sabido leer los tiempos contemporáneos –de creación y consumo– en que la música ha devenido, como el resto de la cultura, producto de disfrute veloz, visible y constante. Rosalía ha respondido a esta hiperactividad, a esa constante alerta. Pero a la vez, como sostiene Linés, también ha encontrado la satisfacción en el proceso compositivo e interpretativo. Dos realidades que ha convertido en seña de identidad.

Rosalía no surgió de Barcelona como podría haber surgido de cualquier otra parte del planeta. No es un producto de laboratorio en un mundo global, sino alguien que ha logrado el éxito creyéndose sinceramente lo que hace, porque se lo ha hecho suyo, porque incorpora a su arte todo lo que, en cada una de sus etapas y transformaciones, la hace ser quien es. Seguir sus influencias barcelonesas es recuperar la historia musical del último medio siglo en la capital catalana. Un lugar de mediterraneidad al que Rosalía regresa, en el que quiere becar a estudiantes, en el que domicilia su nueva fundación, en el que levanta sus estudios de grabación... Y en el que quiere tomarse unas olivas y un vermut.

Rosalía, por ahí por Barcelona...

Todo empieza
en el año olímpico

Cuando Barcelona se preparaba para ser olímpica sin sospechar de la avalancha de gentes diversas que se le venía encima, en la ciudad se practicaba ya otro tipo de mestizaje: el musical. El pop-rock de los ochenta había ocupado las páginas de actualidad, amenazando con eclipsar a las leyendas de la música progresiva y a los cantautores siderales del movimiento setentero conocido como rock laietà o ona laietana. Más que un movimiento, aquello había constituido una constelación de grupos y músicos que, en el tardofranquismo, convirtieron la sala Zeleste del Born en un laboratorio para la creación ecléctica y la contracultura.

Hablamos de nombres como Música Urbana (con Carles Benavent y Joan Albert Amargós), Sisa (que compone *El cabaret galàtic*, inspirado en el propio Zeleste), Pau Riba,

Toti Soler, la Orquestra Mirasol, Secta Sònica, Gato Pérez o la Companyia Elèctrica Dharma. Aquella convivencia del jazz, el rock progresivo, la música de raíz local, la salsa latina y una rumba catalana que habían alumbrado gitanos de Barcelona –El Pescaílla, Peret–, puso las vías sobre las que avanzaría, imparable, la fusión.

La fusión y también el tránsito entre estilos, que es algo muy ligado a Rosalía. La Orquestra Mirasol arrancaba en 1974 maridando el jazz estilo Chick Corea con una mandolina mediterránea (*To de 're' per a mandolina i clarinet*). Pero luego se pasaba a la salsa y se convertía en la orquesta Mirasol Colores. El propio Toti Soler, a título individual, era una *jukebox* de todas las músicas como puede serlo ahora Rosalía. Formación clásica, aprendizaje de guitarra flamenca... Toti hacía baladas-rock con Jeanette y a continuación tocaba jazz-fusión con el grupo Om, o nova cançó con Ovidi Montllor o Maria del Mar Bonet.

Como apuntábamos en la introducción, todo esto coincidía en el tiempo con la irrupción del nuevo flamenco. Paco de Lucía ya había incursionado en el jazz o la bossa nova. Pero fueron Lole y Manuel los que dejaron al público sin aliento en un mítico Canet Rock del año 1975, que precedía a la muerte del *Caudillo*. Manuel procedía de Smash, grupo sevillano de rock psicodélico. Sumado el duende de

Lole, el dúo señaló un antes y un después en la percepción de la música popular.

Vendrían otros momentos clave. Tras el esperado debut de Triana en el Palau dels Esports (1978), llegaría la hora de Camarón de la Isla. Fue en 1979 cuando, con el disruptivo disco *La leyenda del tiempo* bajo el brazo, el cantaor gaditano protagonizó una memorable velada en la plaza de toros Monumental. Pero, atención, el cartel no lo completaron otros flamencos, sino el jazz más avanzado del momento: los míticos Weather Report, Jeff Beck o Stanley Clarke subieron aquella noche al mismo escenario que el músico de San Fernando. ¿Era normal que una ciudad que acababa de salir de la oscuridad de una dictadura y que daba sus primeros pasos en la escena musical internacional pudiera reunir a tantas y tan diversas estrellas? Algo latía en Barcelona. Y los puristas, que los había, no lo tendrían fácil para seguir salvaguardando los géneros.

"A mí, cantando por saetas, quienes más me gustan son La Niña de los Peines y Miles Davis", diría un día el cantaor Enrique Morente, un personaje que también tiene un papel en esta historia que hemos venido a contarles.

Poco divulgado, hay un curioso antecedente del rol barcelonés en eso que denominamos mestizaje musical. La bailarina Frances Taylor Davis, esposa de Miles Davis, estaba de gira por Europa con su compañía cuando recaló en un tablao de Barcelona. Tanto le impresionó lo que vio que se lo contó entusiasmada a su marido. Incluso le obligó a asistir a un espectáculo de flamenco en Nueva York. Pues bien. Con el tiempo hemos sabido que esta sería una de las influencias clave del famoso álbum de Davis *Sketches of Spain* (1960), en el que el genio abraza la inspiración flamenca. Así, la Barcelona de las bulerías sonaba, de manera insospechada, a través de la trompeta más disruptiva del jazz.

Aún no había nacido la protagonista de este libro cuando, aquel mismo 1979 en que vio la luz *La leyenda del tiempo*, se inauguró en el epicentro del deprimido barrio del Raval la escuela conocida como Taller de Músics. Aquella que tanto iba a influir en la carrera de Rosalía. Era imperativo que aquella eclosión creativa que se daba en las salas de Barcelona pudiera llegar también a las aulas y, con ella, la confluencia de músicos de diversas procedencias estilísticas y geográficas. El Taller se fundamentó en la doble constelación del jazz y del flamenco, entendidos ambos como músicas comprometidas con la libertad. Y enseguida se puso manos a la obra al favorecer el encuentro de astros en sus seminarios internacionales. Figuras como Brad Mehldau o Thad Jones compartieron esa labor con el intelectual apasionado que era Enrique Morente.

Rosalía, por ahí por Barcelona...

Porque Barcelona sería fundamental en la vida y la obra del que ha pasado a la historia como el cantaor más rompedor. Morente era un brujo del arte musical, un rockero del flamenco y, también, un poeta inquieto para quien la capital catalana fue un lienzo en blanco sobre el que expresarse sin que se le acusara de traicionar su género. Con Lluís Cabrera, el fundador del Taller de Músics, compartiría el interés por las luchas sociales. Cabrera le daría cobijo y alas, le abriría espacios de creación –la llamada Peña Morente en Nou Barris– y acabaría montando una escuela de música en el Raval para dar continuidad a su magisterio artístico.

Que para llegar al Taller fuera necesario pasar por la llamada plaza del Dubte (plaza de la Duda) tenía algo de metafórico en una ciudad en la que todo se estaba poniendo en cuestión. Una Barcelona donde la escena cultural se desarrollaba sin libreto ni guion. Para cruzar el umbral del Taller, había que tener, sobre todo, amplitud de miras. La escuela se convirtió durante un tiempo en el punto de encuentro de todas las influencias culturales que confluyen en el Raval. La world music tomaba posiciones en el que ya era uno de los barrios más multiculturales de Europa. La Olimpiada Cultural se hacía eco acercando a artistas de los cinco continentes. Pero, al margen de los circuitos oficiales, era en las aulas, en los bares, en los pisos compartidos donde las músicas del mundo encontraban el punto de ebullición.

Es cierto que Barcelona no podía competir con Londres o París en lo que a industria discográfica se refiere. Ni siquiera con Madrid. En la ciudad no había estudios *high-tech* de grabación que pudieran brindar un sonido moderno, listo para los mercados internacionales. No había nada parecido a los estudios londinenses donde vio la luz el magistral *Kutché* de Cheb Khaled y Safy Boutella, el álbum que en 1988 revolucionaría el raï y la escena europea, y contribuiría a alentar la revuelta del pueblo argelino con aquel grito de libertad. No. En Barcelona no se grababa así, pero era en sus calles y plazas donde esta música resonaba sin parar. En Londres se acababa la faena, pero Barcelona era el centro cultural y creativo ideal para las colaboraciones en vivo con ideas *crossover*.

Aquel mismo 1988, El Último de la Fila sacaba *Como la cabeza al sombrero*, uno de sus mejores trabajos. ¿Grabado dónde? En Francia. En un estudio en el que, como recuerda Quimi Portet, estaban seguros de que su material luciría más. Su fórmula de rock-pop anglosajón cantado con líneas mediterráneas de influencias árabe-flamencas daba continuidad al mestizaje *made in Barcelona*. Y su universo visual, con ilustraciones de Mariscal y Montesol, les conver-

Rosalía, por ahí por Barcelona...

tía en un grupo genuinamente barcelonés. No importaba que Manolo García viniera del Poblenou y que Quimi Portet fuera de Vic. Incluso guiñaban un ojo a la ciudad en su álbum postolímpico con la rumba *Como un burro amarrado a la puerta del baile*: "Escolta, Piker, / dame aire con tu abanico / que soc de Barcelona / i em moro de calor".

Aquel álbum lo habían grabado en Inglaterra, en 1993. Rosalía tenía solo un añito, y ya en el clip de aquella canción de desamor irónico aparecían monjas voladoras, ángeles, toreros... y la muerte montada en el burro. Lo que, salvando las distancias, sería la moto de Rosalía en *Malamente*.

La Barcelona de antes y después de los Juegos Olímpicos fue algo irrepetible en lo cultural. La actuación, en 1990, de Enrique Morente en la plaza de la Catedral, acompañado del coro Voces Búlgaras, fue muy significativa, pues implicaba sacar la vanguardia del laboratorio para llevarla al espacio público. Asistir al espectáculo de un flamenco nada folklórico dialogando con otras tradiciones profundas, como la polifonía balcánica, sin perder por ello identidad, fue un acto cargado de simbolismo. Ahí estaban, de la mano, dos músicas de raíz, dos músicas modales y profundamente ligadas a lo ritual y a lo colectivo.

Cuando en septiembre de 1992 nació Rosalía, los Juegos Olímpicos habían dado paso a una nueva etapa en la que Barcelona iba a convertirse en un polo de atracción turística y en destino de una migración global. Las retransmisiones deportivas desde lo alto de Montjuïc, con imágenes icónicas del *skyline* barcelonés y esa fórmula ganadora que era la arquitectura de Gaudí sumada a la luz mediterránea sobre el mar, generaron un deseo irrefrenable de visitar la ciudad. Desde los lugares más remotos. La nueva ilusión, incluso para los neoyorquinos, orgullosos habitantes de la capital del mundo, era aterrizar en la Rambla o en el Park Güell, sentir en la piel el despertar de una nueva Arcadia o tropezarse con el Hércules que La Fura dels Baus había hecho avanzar por el mar olímpico en la ceremonia inaugural.

Era una extraña modernidad la que llamaba a la puerta de la capital catalana. O directamente intentaba echarla abajo. De repente, todo era posible en el plano cultural. La parte musical de la llamada Olimpiada Cultural –el crítico Mingus B. Formentor programó el cartel del Festival de Tardor en el puerto– registró algunos momentos álgidos. Si no de público, sí de crítica. La world music eclosionaba. Ahí convivieron melodías árabes y *beats* africanos, caribeños y brasileños. Y lo que se conocería más adelante por ritmos urbanos globales. El BarceWOMAD (World of Music, Arts & Dance), festival que propiciaba un diálogo sin precedentes entre tradiciones diversas, lograba que se dieran cita desde la dub poetry de Linton Kwesi Johnson hasta el blues africano de Ali Farka Touré, el raï argelino de Chaba Fadela, las fusiones afrocaribeñas de Taj Mahal y el violín carnático de L. Subramaniam.

Barcelona se iba convirtiendo, poco a poco, en un centro de intercambio cultural global. Eran tiempos, también, de consolidación del mercado del rock català, que venía auspiciado por la Generalitat y sus medios de comunicación (Sopa de Cabra, Sau, Lax'n'busto, Els Pets...). Pero en paralelo, la ciudad tenía la mirada puesta en la música avanzada. El tecno industrial de alto voltaje entraba de la mano del flamante festival Sónar. La electrónica se abría paso. La ciudad se volvió *in* y *cool*. En ella se vivía la música como una actitud y como un fenómeno social.

En aquella década de los noventa, había quien la consideraba la mejor ciudad del mundo. Celebrar una fiesta popular como la de la Mercè era una invitación a romper con todo (culturalmente hablando). Una misa flamenca de Morente arrastraba a gente como Jackson Browne, que entonces residía en la ciudad. El cantautor estadounidense tomaba asiento entre el público en la plaza de la Catedral acompañado del gaitero Carlos Núñez, mientras que La Fura dels Baus prendía fuego a una noria y levantaba una

Afrodita mecánica de siete metros de altura. Browne era consciente de que iba a asistir a algo único. Por aquel entonces también se podía ver a David Byrne, ya sin los Talking Heads, curioseando por la escena local experimental. Y a Santiago Auserón, reconvertido en Juan Perro tras dar carpetazo a su exitosa aventura con Radio Futura.

Esa herencia olímpica y postolímpica la iba a recibir, como un testigo en un relevo de 4x400, la generación de Rosalía. En esta ceremonia de traspaso de inspiraciones, Morente fue un personaje principal, como veremos más adelante. Porque, por un motivo u otro, es en el ámbito catalán donde cristaliza el fenómeno Morente. Ese acercamiento suyo a otras músicas, con desparpajo, sin miedo y asentado en conocimientos muy sólidos, encontraría luego su reflejo en Rosalía.

Hay otros mestizajes que se fraguaron en aquellos años y que influyeron en la cantante. En 1996, mientras ella correteaba, con cuatro años, por su pueblo del Baix Llobregat, aparecía un proyecto único, independiente y genuinamente barcelonés que trajo el flamenco al terreno urbano: Ojos de Brujo. Un gitano del barrio de la Trinitat, Ramón Giménez, que de adolescente bailaba break dance por bulerías, y dos hijos de una Barcelona más acomodada, Dani Carbonell (quien al cabo de un año formaría Macaco) y Juanlu Le-

Rosalía, por ahí por Barcelona...

prevost, prendieron la llama de este colectivo al que se irían sumando otros músicos. Uno de ellos sería el percusionista Xavi Turull, un infatigable investigador del cajón que había grabado con el grupo Amalgama un álbum referencial de fusión indo-flamenca. Un trabajo que evidenciaba la raíz común entre la música de la India y el flamenco gitano que tiene sus orígenes en el país asiático.

Aquella era una Barcelona post-hippy, de comuna y mestizaje. La world music se había consolidado. La industria ya no la consideraba música tercermundista. Las grandes discográficas empezaron a rentabilizarla. Pero, lejos de ser un producto de marketing, Ojos de Brujo era una muestra de la realidad que se respiraba en la Barcelona de finales de siglo, cuando convergen la resaca olímpica, el inicio de los procesos de gentrificación y una acelerada multiculturalidad. El colectivo quiso autogestionarse. Mantener el control sobre ese *alioli* que los hacía únicos. Una música en la que no sabías dónde empezaba el flamenco y dónde acababan el reggae, el funk, el rap, el raï, la música india, los ritmos latinos o el hip-hop senegalés. La suya era una mezcla no ya transoceánica, sino muy mediterránea, de ambas riberas. Y con letras socialmente comprometidas de la cantante, Marina, que ella misma servía con una estética ecléctica y ese especial dominio del fraseo rítmico.

Con esos aires rumberos y la etiqueta del sonido Barcelona, Ojos de Brujo dará tres veces la vuelta al mundo. Tocan en Glastonbury en Inglaterra, en el Central Park de Nueva York, son cabeza de cartel del Festival de Jazz de Montreal, donde los preceden Pat Metheny o Wynton Marsalis. El trompetista neoyorquino se queda a observarles desde la mesa de control. No puede apartar la mirada de la batería, fascinado por los sugerentes dispositivos rítmicos del flamenco. La BBC les nombra Mejor Grupo Europeo 2004. Ganan un Grammy Latino por *Techarí*, un álbum en el que colaboran flamencos, pero también Nitin Sawhney o Cyber, de Asian Dub Foundation. "Con ese grupo de hippies aprendí mucho, aprendí a estar abierto al mundo", dice ahora Pepe Habichuela.

Así fue cómo se proyectó la fusión flamenco-urbana fuera de España. Ojos de Brujo llegaría a ser la banda más influyente de la world music de principios de siglo. Y aquel sonido se bautizaría extraoficialmente como *sonido Barcelona* o *mestizaje*. Un estilo del que también participaría Manu Chao, el líder de Mano Negra que había dejado Francia para afincarse en solitario en la capital catalana. Y Macaco, los Cheb Balowski (con cantante medio amazig), los colombianos/argentinos Che Sudaka o los Dusminguet, la banda de La Garriga que cantaba en media docena de len-

Rosalía, por ahí por Barcelona...

guas, incluida el árabe, y que acuñó la *patxanga*, una mezcla de rock, tex-mex, merengue, cumbia o rumba catalana...

"Ojos de Brujo es uno de los acercamientos con mayor entidad propia barcelonesa", asegura el crítico de *La Vanguardia* Esteban Linés, tomando una cocacola con muchos ceros en el restaurante de un hotel del paseo de Gràcia. "Son los que con mayor desprejuicio y sin apriorismos convierten todo lo que les gusta en algo suyo, y generan un estilo propio. Si ha de ser superflamenco o superlatino, no importa. Cada álbum es una prospección, una investigación de las cosas que les van gustando. Hasta que ellos no dan más de sí y los tiempos también cambian".

"A mí me hace gracia cómo se escribe la historia cultural de Barcelona", lamenta, en otro bar del Eixample, el batería y percusionista Sergio Ramos, acodado en la madera oscura de la barra. "Cuando buscas trazar una genealogía barcelonesa, es decir, una línea de estilos musicales y de protagonistas implicados hasta llegar a Rosalía, ves que todo lo que es el mestizaje ha quedado fuera de la narrativa oficial", dice este músico de largo recorrido que ya de adolescente acompañaba a Gato Pérez en el Zeleste. Más adelante fue parte de Ojos de Brujo. Ahora es doctor en Estudios Culturales.

Para él, Ojos de Brujo es la respuesta que desde Barcelona se da, una década después, al movimiento del nuevo flamenco que lanza Paco de Lucía. Y de cuya estela surgen cosas tremendas, como el rock gitano de Pata Negra en Sevilla. Esa banda de blues flamenco la forman los hermanos Rafael y Raimundo Amador, que agitan la historia de la música en la España de inicios de los ochenta. Mientras escribíamos estas líneas, Rafael fallecía a los 65 años.

Pero vayamos por partes. Lo que sucede en la década de los ochenta en Barcelona es que la ola de grupos de rock urbano (Loquillo, Los Rebeldes, Brighton 64, Los Negativos...) experimenta al final un cierto decaimiento. Estaban siendo unos años de producción de música disco y desorden estético en la ciudad, con el italo-disco y la fórmula de los maxisingles pegando fuerte en las emisoras. El pop-rock català arraiga en parte gracias a su monopolio en las radios, pero al decaer el auge de esta producción en lengua catalana es cuando se abre un hueco que viene a llenar el mestizaje propiciado por las nuevas migraciones. A Barcelona llegan músicos de Latinoamérica pero también de África... "Yo mismo entré a formar parte de la Orquestra Àrab de Barcelona", señala Ramos.

Músicos de tradiciones distintas encuentran un espacio para el intercambio de pareceres musicales en el Club Mestizo que fundó Javi Zarco. Desde el altillo de la peluquería de su esposa senegalesa, este manchego afincado en Barcelona gestiona actuaciones también para Sergent García, Chico César o Mártires del Compás. Como promotor, Zarco ayuda a visibilizar el fenómeno del mestizaje. Propicia, por ejemplo que Ojos de Brujo gire por la Catalunya interior con Dusminguet. Nuevos públicos se entregan al baile. Y subsisten aún hoy, 35 años después, iniciativas foráneas como la de los latin-punk venezolanos Soma Raza, que editaron álbum el año 2000 en la Barcelona de los ritmos.

Este hervidero ravalero queda inmortalizado en las míticas Barcelona Raval Sessions que en el 2003 ven la luz en un CD. Artistas locales o vinculados al Raval graban en vivo de manera íntima: en casas, estudios pequeños o locales históricos. Aquello es un reflejo de la vida cotidiana, la energía de la calle y la creatividad del barrio que ha concentrado un capital artístico-musical. Pero en aquella Barcelona de los ritmos, faltan melodías o canciones representativas que perduren en el tiempo y en la memoria. "El mestizaje no tiene himnos. Es difícil hallar una *playlist* del mestizaje", razona Sergio Ramos, tomando un sorbo de zumo de naranja. Sea como sea, aquella ciudad cosmopolita no capitaliza tan excepcional momento creativo, como sí lo había hecho Manchester, con su eufórica mezcla de rock alternativo y acid house (The Stone Roses, Happy Mondays...). O Bristol, con el trip hop oscuro y atmosférico de Portishead o

Massive Attack. No, el mestizaje será deglutido por la electrónica y la llegada de los dj, que se apoderan de cierto tejido musical barcelonés. Y también por el pop de *festa major* que, al cierre de la primera década de los 2000, traerá el indie catalán de Manel o Els Amics de les Arts.

"Para mí el diagnóstico es claro: es la propia Barcelona la que se carga el sonido Barcelona. Porque los que abanderamos ese tipo de sonido éramos un poco incómodos. Salíamos más en las páginas de sociedad que en las de cultura". Quien habla es Ramón Giménez, que a sus 56 años ha regresado a la Universidad y se encuentra en plena investigación sobre aquel mestizaje. "No era solo un proyecto musical, sino también sociológico. Hablábamos del FMI, del Banco Mundial, del derecho a disponer de un techo o de la situación de la inmigración. Nos seguía gente que acabaría dando lugar al 15-M", dice en animada conversación al teléfono.

Giménez conocería a Rosalía siendo ella estudiante del Taller de Músics. Eran los años en que se disolvía Ojos de Brujo y surgían escisiones como la banda Kejaelo, a la que nuestra artista del Baix Llobregat se integrará con 19 años. Tendrá 20 cuando grabe con ellos el primer y único disco de la banda. Una fusión de flamenco y jazz que no le es para nada ajena a aquella joven nacida para la música.

Rosalía, por ahí por Barcelona...

En aquella segunda década del siglo XXI una generación de músicos muy bien preparados sale de las escuelas superiores de música de Barcelona, a las que se ha sumado la Esmuc (Escola Superior de Música de Catalunya). Son jóvenes con espíritu colaborativo que protagonizan un cierto resurgir de la escena mestiza. La Sra. Tomasa maneja el funk, el reggae, lo latino y la electrónica con un nivel extraordinario. Un nuevo rock festivo emerge (Doctor Prats, Txarango, Búhos), mientras se impone una evolución del reguetón de la mano de productores como Alizzz, que va adquiriendo renombre.

Rosalía alza el vuelo durante estos años, con propuestas muy vinculadas al flamenco, que es en lo que se ha centrado en la escuela. Pero, ya desde el primer momento, compartiendo un tratamiento experimental del género muy sorpresivo, a cargo del ya citado Raül Fernández *Refree*. Luego, con Alizzz, colabora en dos temas de C. Tangana que la sitúan en el *mainstream*. Ella aporta un punto de duende y de elegancia trágica a un rapero de trap irreverente y saludable chulería madrileña.

• Raül Fernández 'Refree' junto a Rosalía en el Vida Festival de Vilanova i la Geltrú, 1 de julio del 2017. | CRISTINA GALLEGO / ALVG

"Rosalía es hija del mestizaje: del jazz progresivo, el jazz rock, el flamenco gitano, las latinidades y el protagonismo progresivo de la electrónica, que para ella es un vehículo y también un estado de ánimo sonoro –concluye Esteban Linés–. Porque, habiendo estudiado en el Taller de Músics y en la Esmuc, ella podría haber sido una intérprete muy analógica. Pero sus estímulos y su permeabilidad, lo que oye, lo que ve y lo que le gusta e impera, van en esta dirección".

Rosalía, por ahí por Barcelona...

El descaro y
una educación

¿A qué se refiere exactamente Rosalía cuando dice que "el descaro" lo aprendió "por ahí por Barcelona"? La frase es una de las imágenes evocadoras que contiene la letra de *Reliquia*, tema en el que la artista catalana se retrata perdiendo los *heels* (tacones) en Milán, el tiempo en L.A., la lengua en París, la sonrisa en *UK*...

"El descaro es una actitud. Es una expresión. Es esa manera de ir por la vida que comporta ser flamenco. El descaro es que Rosalía podría estar ahora mismo en el Raval y, por su forma de andar, nadie se atrevería a meterse con ella. Su manera de ir era la de 'aquí estoy yo, y ya está'". Lluís Cabrera hace su pertinente lectura del término mientras comparte un arroz en el restaurante Cachitos de Rambla Catalunya. El fundador del Taller de Músics recuerda a la

Rosalía que acudía, por la calle Requesens, a las aulas del Raval, donde, ya de entrada, cursó en paralelo tanto la formación de flamenco como la de jazz. Y no son tantos los estudiantes que deciden afrontar ambos programas en esta escuela de referencia en el sur de Europa. La cantautora Judith Neederman, por ejemplo, es una de esas artistas que se mantuvo en ambas vías mientras le fue permitido. Cuando llegó el momento de especializarse, ya en el grado superior, Rosalía tiró por el flamenco y ella se decantó por el jazz.

"Rosalía –prosigue Cabrera– era una joven que lo tenía muy claro. 'Quiero hacer música para que la escuchen millones de personas', me decía cuando hablábamos largo y tendido sobre asuntos de la industria musical. Ella utilizaba el jazz y el flamenco como un medio, no como un fin. Y tenemos que estar orgullosos de que personas que pasan por un programa de estudios basado en palos del flamenco luego hagan otras cosas".

De la actitud atrevida, auténtica y fresca de aquella Rosalía no se puede dudar. Solo con esta valentía se aborda el flamenco sin llevarlo mamado de cuna ni haber estado rodeada en casa de cantes, guitarras y tradiciones flamencas. Decidida a interpretar un repertorio jondo, la artista se exponía a la crítica y la censura de un mundo muy celoso y particular que cuenta con grandes intérpretes nacidos o

Rosalía, por ahí por Barcelona...

arraigados en Barcelona y su cinturón metropolitano. Si la leyenda no miente, lo que la empuja a querer estudiar flamenco de manera decidida es la impresión que le causa, de jovencita, oír la voz de Camarón de la Isla sonando a todo volumen en la casete de un coche. ¿Era una casete? ¿No eran dos los coches, tuneados y enzarzados en un duelo musical, o eso fue después? Tal vez, dentro de un tiempo, Rosalía tendrá que puntualizar esta versión de los hechos, que de tanto usarse ya debe estar distorsionada. Pero la cuestión es que no dudó en abocarse en cuerpo y alma al flamenco como materia troncal. Su apasionada aproximación a este arte era cuanto menos significativa.

Han pasado tres lustros desde que nuestra protagonista aterrizó en el Taller de Músics, con una actitud participativa que la empujaba a apuntarse, además de a las asignaturas del programa de estudios, a otras actividades paralelas: seminarios, talleres, conferencias, debates y presentaciones. Cabrera está ahora recién jubilado, pero recuerda haber mantenido conversaciones con aquella joven de 17 años que, en enero del 2010, llegó a la escuela. Le chocó de entrada su buen inglés, pues ya en los standards de jazz demostraba tener una fonética excelente. "Yo le hablaba mucho de Enrique Morente, de Camarón de la Isla, de La Niña de los Peines, de Antonio Mairena, y ella lo absorbía todo como una esponja. Esa chica es una esponja que ha sabido en qué esponjas se tenía que mojar", dice, dejando la cucharilla.

"Sí que lo es. Yo no he encontrado, en el tiempo que llevo dando clases, a una persona a la que yo pueda hablarle de cualquier cosa, de cualquier referencia musical y que, en mayor o menor profundidad, lo conozca todo. Rosalía lo ha aprendido todo, lo canta todo, ya te digo: cualquier cosa que haya tenido alma, cualquier música que tenga sustancia, se le pega a ella como una lapa. Lo absorbe". Lo cuenta al teléfono el cantaor José Miguel Cerro, conocido como *Chiqui de La Línea*. El artista gaditano fue su profesor de cante flamenco hasta el final. Rosalía le siguió allá donde él fuera hasta completar sus estudios.

Durante siete años, Chiqui estuvo puliendo aquel diamante en bruto que era Rosalía en su empeño por ser flamenca. "El día en que llegó por primera vez al Taller para uno de mis cursos semestrales, yo estaba esperando a un nuevo alumno. Y entró ella, con tanta curiosidad y con tantas ganas de investigar y de aprender... Rosalía era un volcán escupiendo preguntas. Tenía muchas cosas que aclarar en su cabeza, un campo amplísimo, muy abierto. Me preguntaba incluso por música de canciones antiguas, que tienen poco que ver con el flamenco, aunque están relaciona-

Rosalía, por ahí por Barcelona...

das desde el punto de vista folklórico. Porque el flamenco tiene una raíz folklórica también", apunta el maestro de la que luego ganaría premios Grammy.

¿Le sorprendió que una niña catalana que no había mamado el flamenco de cuna se soltara como una auténtica cantaora? ¿O eso ya es más habitual en la Barcelona de estos tiempos que en la de antes?, le preguntamos al maestro de cantaores.

Chiqui se toma un tiempo para calibrar la pregunta. Y se suelta: "Yo he tenido siempre una mentalidad muy abierta de cara a las posibilidades y el potencial que puede tener cualquiera para cantar cualquier tipo de música, si se utilizan las herramientas adecuadas. Y sí, vi mucho potencial en ella". Lo vio, afirma, porque reunía facultades muy variopintas. No se trataba solamente de cuestiones vocales, sino de su actitud, de su curiosidad por aprender, de su capacidad de trabajo. Incluso, como se ha demostrado después, de su capacidad empresarial. "Era una persona que estaba constantemente trabajando y, al mismo tiempo que aprendía, ella misma estaba investigando, sabiéndose rodear siempre de los mejores, viendo los lugares en los que aprender. Es una persona muy especial en ese sentido, y muy preparada".

En aquel momento, y hablamos de hace ya dieciséis años, había un caldo de cultivo en Barcelona en torno a ese centro neurálgico que es el Taller de Músics, encargado de naturalizar el flamenco como una música académica más. Tanto si se quería afrontar en estado puro como desde la fusión y el eclecticismo. "Yo ya había empezado a detectar, hacía tiempo, que en esta ciudad había maneras de hacer, había voces. Había un ambiente que ya presuponía este potencial, independientemente del origen de las personas que vivían aquí y se interesaban por la música. Rosalía procedía del cinturón rojo de Barcelona, que es un sitio muy especial e influyente para el flamenco. Lo había mamado allí; su interés es producto del ambiente, del entorno. De hecho, ella empezó con un grupo pequeño de aficionados en Sant Esteve Sesrovires, y luego, más tardíamente, de adolescente, directamente a través de talleres de música y de contactos personales con otros músicos. Porque ella tenía una voz tan atractiva, y era tan estudiosa y tan trabajadora, que enseguida se unía a un grupo. Se unía a cualquiera que la llamara para hacer algo". Así lo ve Chiqui. "Y es que era un encanto: era fácil trabajar con ella; se lo aprendía todo con mucha facilidad".

En un artículo que Cabrera tituló oportunamente *Rosalía en la plaza del Dubte*, contaba que ella no sabía muy bien lo que quería, pero tenía muy claro lo que no quería. "A partir de los descartes, una persona también aprende y busca más allá –reflexiona el alma del Taller de Músics, feliz de volver a poner en valor a Rosalía–. En aquella época, ella ya conectaba con artistas a través de música electrónica o el rap... Porque Rosalía era una visionaria. Se rodeaba de gente que la hacía pensar. Y se preocupaba de leer cosas. Conmigo hablaba de cine y otros temas –prosigue–. Me recordaba mucho a Enrique Morente, a quien conocí cuando él tenía 28 años y yo, 16. Morente, ya entonces, decía cosas como... 'El maestro Mairena está muy bien, pero llegará un momento en que los jóvenes tendrán que sacar su propia voz y su expresión. ¡Porque no vamos a cantar todos lo mismo que él!'. Y Rosalía hace eso mismo: con un cóctel de su época académica, de su barrio, de aquí y de allá, Rosalía ha hecho una *melange*".

Como alumna era curiosa y tenaz. Y, efectivamente, lo preguntaba todo. "Te machacaba a preguntas y, hasta que no lograba una respuesta que le satisficiera, no paraba. Era una persona determinada", confirma Cabrera. "Es cierto. Rosalía nunca daba nada por supuesto, preguntaba incluso por las fuentes". Núria Sempere, la actual directora de la Escola Superior de Música de Catalunya (Esmuc), ha hecho un hueco en su agenda para hablarnos de su pupila. La tuvo en su clase de Desarrollo Profesional el curso 2015-2016, en el 4.º y último año de la carrera.

Es una constante en todos los testimonios recabados. Alumnos que coincidieron con Rosalía en el Taller de Músics destacan hoy su determinación y claridad de ideas. Por ejemplo, recuerdan que solía corregir a los estudiantes que la acompañaban con algún instrumento igual que lo haría una artista profesional. "¡Y siempre tenía razón!", confiesa uno de ellos. Le iban todos los palos. Y como se demuestra con este mestizaje contemporáneo que pone en práctica en un sentido radicalmente extenso, sus gustos musicales eran amplísimos. Por ejemplo, en su etapa estudiantil, Rosalía era una poderosa intérprete de música negra. Le encantaba cantar temas de soul. También ponen en valor sus excompañeros el carácter muy sociable de la cantante. Ella tenía localizados los saraos a los que no podían faltar: si decía que había que ir a tal o cual concierto, la gente se apuntaba. Era una líder. Tenía poder de convocatoria. Robadors 23, el bar que es tablao y cava de jazz, era un lugar que frecuentaban. Y alguna de las bodeguillas de la zona en el Raval. Eso sí, por las noches, lo más habitual es que Rosalía se quedara en casa estudiando.

Ya en la Esmuc, Rosalía llevó una vida menos social, aunque le gustaba enterarse de qué se traían entre manos el resto de sus colegas, saber en qué andaban metidos y qué tema habían elegido como trabajo final de grado... el suyo

Rosalía, por ahí por Barcelona...

fue nada menos que *El mal querer*. El proyecto, que luego daría lugar a su célebre segundo disco, se inspiraba en el romance medieval *Flamenca*, escrito en occitano. Cuando lo presentó en concierto, en la propia Esmuc, como parte del trabajo que completaba su currículum, las colas para verla daban la vuelta a la manzana que ocupa L'Auditori. La expectación era aún mayor porque C. Tangana estaba entre el público. Todo aquello era muy insólito en una academia de música.

El año anterior, la pareja había causado furor interpretando a dúo uno de los grandes hits del rapero madrileño, *Antes de morirme*, con ritmos y melodía de Alizzz. Aquella era la segunda colaboración C. Tangana-Rosalía. Para protagonizar esa *featuring* (aparición destacada) Rosalía había puesto una condición a su entonces compañero sentimental: ella cantaría su parte a su manera, él no tendría el control sobre ella. "Yo no quiero hacer lo correcto / pa'esa mierda ya no tengo tiempo", rapeaba él. "Quieres mi tiempo, no tengo más / Sin ser gitana tengo compás / Todo el día *working* sin descansar / No estoy para nada, no me puedo casar", respondía ella.

El trabajo de investigación de Rosalía sobre el malquerer para la Esmuc es el único, de todos los que contiene el archivo de la escuela, que no es consultable. Por decisión expresa de la artista, que ya empezaba a tener fama. Lo que esconde es un análisis formal del libro anónimo del siglo XVIII –probablemente había sido escrito por una mujer– que versaba sobre el malquerer, el amor dañino. Y también incluye el proceso de escritura de los temas de *El mal querer* que interpretó en el concierto. Llevaba otros músicos, pero de la parte electroacústica de la actuación se había encargado ella misma en uno de los laboratorios de la escuela. Rosalía ya por entonces estaba muy conectada a toda la música urbana.

Su aterrizaje en la Esmuc fue también un acto de determinación. La cantante y compositora había pasado hasta entonces dos años y medio en el Taller de Músics del Raval y otros dos cursando el grado superior en sus aulas de Can Fabra. Desde el 2009 en que la escuela incorporó en sus planes los estudios superiores reglados, disponía de este espacio en Sant Andreu. Sin embargo, Rosalía pidió el cambio a la Esmuc. Era la manera de no tener que renunciar a su profesor de cante, que, al fin y al cabo, le daba la asignatura troncal de su currículum. Chiqui de La Línea, que llegó al Taller de la mano de Cabrera, daba también clases en la Esmuc. Compaginaba ambos centros. Hasta que, por un cuadro de agotamiento, se vio obligado a reducir la actividad y decidió seguir únicamente en la Esmuc. Rosalía pidió el traslado de expediente en el 2014. Y también es posible que hubiera pesado en la decisión su intención de ampliar su currículum académico. Su madre, Pilar Tobella, estaba muy interesada, o más bien determinada, en hacer efectivo el cambio y que el centro de Glòries le convalidara los dos cursos de grado superior que ya había realizado en el Taller. Cosa que se acabó formalizando. Con 23 años, Rosalía deja el Taller por la Esmuc.

De un modo u otro, eso no debía de ser un obstáculo para que ella siguiera beneficiándose de los servicios de *management* del Taller de Músics y actuase en conciertos de la mano de su antigua escuela. Meses antes, participaba en el homenaje al poeta argentino Juan Gelman: Rosalía puso la voz a *Nunca los daré por muertos*, una composición de Enric Palomar, entonces director pedagógico del Taller, y con el que la cantante de Sant Esteve Sesrovires tenía muy buena relación. Poco después interpretaría, junto a Paula Domínguez y Pere Martínez, *Geografía Espriu*, otra pieza de Palomar con la que culminaba el Any Espriu 2013. En el Palau de la Música se oían dejes de cante jondo arropados por aires swing y disonancias de la contemporaneidad.

Pero, ¿qué papel jugaron los estudios en el éxito de Rosalía? Para responder a esa pregunta hay que valorar también al buen uso que la joven hizo de su formación académica y de los medios que tuvo a su alcance durante sus años de estudiante en Barcelona. En el primer centro educativo tuvo ocasión de foguearse a fondo: más de un centenar de conciertos son los que le proporcionó el Taller, donde desde el inicio ya actuó en todo tipo de garitos, centros cívicos o eventos privados. En el segundo se dedicó en cuerpo y alma a lo académico. La manga ancha que el Taller tenía para que sus estudiantes desarrollaran la creatividad no la encontraría en la Esmuc. La Escola Superior de Música de Catalunya tiene una atmósfera más universitaria. Pero allí tendría acceso a una enseñanza 360 grados. Y estaría rodeada, también, de todas las músicas.

En alguna de las optativas que escogió allí, se veía reflejado este amplio abanico. Porque, pudo haber sido por razones prácticas, como la necesidad de llenar un hueco en el horario lectivo, pero lo cierto es que Rosalía cursó asignaturas muy especializadas, de periodos históricos muy específicos, en busca de estéticas e historias de siglos como el XVII y el XVIII. Llegó a cantar en el coro de música antigua de la escuela, con Francesc Garrigosa. Asistió a muchas clases de teorías de la música y volvió a cursar la asignatura de técnicas de composición, que tenía convalidada. Además, se sumergió en materias de producción, sonología, *management*, gestión...y mucha, mucha historia.

Rosalía, por ahí por Barcelona...

Por aquellos años también pasó por la Esmuc, siendo una joven estudiante, la soprano Sara Blanch, cuya carrera, como la de Rosalía, es un ejemplo de sólido despegue, paso a paso, muy seguro. De padres músicos y natural de Darmós, en Tarragona, Blanch había aterrizado en Barcelona años antes y cursado, entre otras cosas, el grado medio en el Conservatori de Sabadell. La Esmuc, no obstante, no le convalidó asignaturas. Y llegó un punto en que se sintió demasiado atada. No esperaba que un contenido artístico tuviera que encajar en una estructura tan académica como la que rige en la Esmuc. Pero entonces descubrió que en el ecosistema barcelonés hay otros centros que se adaptan a las necesidades del alumnado que comienza a profesionalizarse.

"Me encantaban las clases de armonía, las de dictado o de análisis de partituras. Las considero como una práctica y me aportan mucho", cuenta la soprano en conexión vía Zoom desde Erl, en Austria, donde se prepara para actuar en el festival tirolés que dirige Jonas Kaufmann. "Además, fue magnífico tener materias de lied y canción, con profesores especializados en lied alemán o en repertorio de ópera. Eso me dio una base muy sólida. Pero luego había materias como la de grabación de sonido, en la que aprendías a colocar los micros... que es algo que a mi padre le habría encantado, pero a mí no. Además, ya lo hacía en Sabadell.

Así que todo el asunto académico se me hacía largo. En la Esmuc sentía que estaba perdiendo mi esencia. Yo necesitaba cantar. Y me planté. El último curso ya no lo hice. Acabé la carrera en el Conservatori del Liceu donde, si de repente me salía una producción de ópera en Italia, eran más flexibles".

El caso de Rosalía era muy distinto al de una cantante lírica. Cuando trabajaba la voz y la vocalidad flamenca de manera continuada con Chiqui de La Línea, la artista de Sant Esteve Sesrovires sabía que su misión no sería únicamente interpretar. Para ella la voz iba a ser un recurso para la creación. Había superado la fase adolescente en la que todas las futuras estrellas proyectan su sueño, sobre todo, en un escenario. Quería también elegir qué escribir y qué cantar. Y hasta decidir cómo debía sonar la producción y cómo serían los contenidos visuales. La escuela le debía servir para saberlo todo de todas las músicas y de todas las técnicas. Quería ser una estrella, pero también una empresaria. La actividad académica y la profesional bullían en paralelo en su cabeza con una obsesión necesaria. No es extraño que le interesara incluso la asignatura de Desarrollo Profesional que le daba la ahora directora, Núria Sempere.

"Ahí –explica esta profesora– se trataba de conocer desde aspectos de las convocatorias de subvenciones hasta leyes

Rosalía, por ahí por Barcelona...

de contratos, relaciones laborales y económicas, búsqueda de financiación... Y también la cuestión, nada baladí, de la identidad profesional, aquello que te hace distinta. Esta es la parte que más sublevaba a los estudiantes. También la del relato que construyes sobre lo que haces como artista". En esta materia, los Kebyart, el cuarteto de saxos, ya se repartían los papeles y estaban muy organizados, recuerda Sempere.

Lejos de blindarse y de ser inaccesible, Rosalía mantiene hoy en día el contacto con la Esmuc. Si se le presentan dudas técnicas en el día a día de su carrera, es a profesionales de esta escuela a los que recurre. Por ejemplo, cuestiones sobre derechos de autor, a la hora de adaptar una partitura ajena. La directora del centro asegura que es particularmente meticulosa en estos y otros asuntos. No deja nada al azar.

"Cuando ves lo que artísticamente hace Rosalía en *Lux* –prosigue la profesora de Desarrollo Profesional–, tienes la sensación de que todo lo que estudió ha florecido. Hay un tema en el álbum en el que aparece un órgano barroco durante breves segundos. Implica un esfuerzo por su parte, para un resultado tan escueto. Pero ahí está. Todos estos detalles sumados equivalen a la eclosión de su currículum académico. Y el suyo es especialmente rico. El desparpajo que ha mostrado en este disco, transitando sin pudor por músicas que no son la suya propia, viene de haber estudiado mucho. Lo que está diciendo con este trabajo es que, si no le da miedo entrar en territorios que no son los suyos, es porque se los sabe".

Esto mismo lo puede confirmar el compositor Bernat Vivancos, que colaboró con ella en la adaptación del tema *Me quedo contigo*, de Los Chunguitos. El músico barcelonés, especialmente entregado a crear música coral, lleva veinticinco años de profesor de composición y orquestación en la Esmuc, pero jamás coincidió con Rosalía como profesor y alumna. No obstante, ella conocía su trabajo. Y desde un principio mostró interés por colaborar con él. Le invitó a su concierto final de carrera y le envió un e-mail confesando que su música le emocionaba. "Yo pensé, mira una flamenquita —cuenta Vivancos vía telefónica—. Estos comentarios hacen especial ilusión cuando vienen de músicos que no son de mi mundo ni del eclesial", añade el que fue parte de la Escolania de Montserrat. "Tardé en responder. Y cuando lo hice, Rosalía mostró interés en una música que está lejos de la que ella compone. Estuvimos mirando una colaboración mía con *El mal querer*. Pero no acabamos de verlo". Y lo siguiente ya fue la adaptación de la canción de Los Chunguitos que llevó a los Goya del 2019.

"Bernat, tenemos que hacer eso", asegura que le dijo cuando le contactó de manera fugaz. Ella ya vivía en Es-

Rosalía, por ahí por Barcelona...

tados Unidos, su carrera ya empezaba a despegar como un cohete. De manera que el proceso se hizo todo online. Vivancos no sabía ni de qué tema le hablaba, desconocía a Los Chunguitos, pero tampoco quiso escucharlo más de una vez, pues las instrucciones eran conseguir algo totalmente distinto. La adaptación se hizo en quince días, pimpam. Y el Orfeó Català interpretó la pieza junto a Rosalía en aquella edición de la gala de los premios cinematográficos. Y ante las cámaras de Televisión Española.

"Lo primero que comprobé es que, aún siendo una cantante pop, sabía de qué hablaba. Dominaba términos musicales como modos, cadenza... no era alguien que vivía del cuento, sabía lo que quería. Yo le advertí que eran mundos que chocaban. Que haríamos lo que ella quisiera, pero que no iba a traicionar mis principios compositivos. 'Tú haz de Rosalía que yo haré de Vivancos, y a ver qué sale'". Fue un acierto. El resultado fue muy rico. Rosalía quería conservar la melodía y con el resto hacer algo distinto. "Es cierto que no se pone a hacerlo ella misma, busca a alguien que ya sabe hacerlo, pero te da directrices. Y con ella se puede llegar a un acuerdo. Te respeta pero es tozuda, y eso es muy bueno, es una negociación musical muy chula". Vivancos asegura que Rosalía se reservó la línea de canto solista, pero le dejó total libertad para reescribir la canción popular en lo relativo a métrica, de manera que pudiera añadirle un coro. El músico barcelonés jugó con la coloración y esas armonías tan típicamente suyas. Añadió disonancias y segundas menores. "Fue algo muy bonito, por el respeto que hubo de uno hacia el otro y por el respeto a la melodía original", valora.

Aquella Rosalía a cappella fue una historia de éxito: el vídeo del directo, en crudo, sin editar, registró cincuenta millones de reproducciones. Era la primera incursión en la música contemporánea de la artista. Y resulta sorprendente que no llamara a alguien del mundo de las bandas sonoras en lugar de a Vivancos. "Rosalía es inteligente y piensa en qué le puede aportar el otro que ella no tenga. Y la gente la copia". Después de aquello, a este compositor más litúrgico que pop –el Festival de Peralada le encargaría luego los responsorios de Semana Santa– le llamó Jennifer Lopez. La actriz y cantante hollywoodiense había visto su colaboración con Rosalía y quería un coro de ángeles. Estuvieron media hora al teléfono, explica Vivancos. "Ella se dedica más al espectáculo, no sabe cómo defenderse hablando de música modal. Después de estos dos encargos llegó un tercero: llamó Emika, una artista checa que ahora vive en Berlín, y demostró un buen dominio del oficio. Me pidió un par de temas".

Rosalía, por ahí por Barcelona...

Cuando en enero del 2020 Rosalía gana su primer Grammy al Mejor Álbum de Rock, Urbano o Alternativo Latino por *El mal querer,* Sempere, que acaba de ser nombrada directora de la Esmuc, le manda un mensaje de felicitación con un recordatorio: "Ahora tienes una responsabilidad muy grande –cuenta que le escribió, 'me puse en plan señorita'–, que es hacer que penetre en los jóvenes que te admiran la idea de que estudiar y esforzarse vale la pena, que nada es gratuito". De algún modo, esa juventud que siente que todo es precario, que no hay futuro y que el éxito es azaroso tenía de repente un referente que había logrado triunfar a base de convertirse en una máquina de trabajar. Una cultura que a Rosalía le llegaba de casa, de su madre en particular. Hiciera lo que hiciera, debía ir con todo a por ello, era la máxima que se le había inculcado.

Meses después, ya finalizado el confinamiento por la pandemia –que Rosalía había pasado en Miami–, la artista llamó a la Esmuc para preguntar si les importaría que fuera a dar una conferencia. Algo en plan profesional, con Power-Point y todo lo necesario. Sería en junio. "Yo, ingenua de mí, expresé mis dudas sobre si los estudiantes iban a presentarse, siendo ya junio –ríe para sus adentros Sempere–. A los diez minutos de anunciarse, ya se había agotado el aforo de la sala más grande que tenemos...".

La conferencia de Rosalía versaba sobre la creatividad. Aportó quince consejos de cómo abordarla. Por ejemplo: coger cada día un disco y escucharlo y analizarlo de arriba a abajo, a modo de gimnasia. Otro consejo: conocer todos los referentes, no se puede ser creativo si no se tienen todos los conocimientos. De ahí un mensaje recurrente que Rosalía dejó caer en aquella conferencia multitudinaria: hay que tener presente que la creatividad no viene únicamente de la espontaneidad y el desparpajo, sino que es fruto del conocimiento.

Los vínculos de Rosalía con Barcelona se mantienen también a través de la Esmuc. El curso 2024-2025 comenzó a dar becas a estudiantes de cante flamenco en este centro. Una decisión que para Sempere se refleja también en los valores musicales de *Lux*. Es decir, Rosalía quiere que alumnos de cante dispongan de la posibilidad, como ella tuvo, de tener todas las músicas en la mente. Clásica, antigua, jazz, coral, flamenco... Que cada artista tenga la posibilidad de escoger a conveniencia y con las capacidades que ha adquirido durante su carrera. Eso es, en definitiva, lo que se puede escuchar en *Lux*.

Fue hace un par de años que, por iniciativa propia, Rosalía propuso prestar esa ayuda a un estudiante por curso, durante sus cuatro años de carrera. ¿Qué os parecería si doy una beca?, les preguntó. "Causa gracia que nos pida permiso", sonríe Sempere. Esta ayuda está dotada con 15.000 euros, una cifra muy meditada: lo justo para que los estudiantes puedan vivir en Barcelona sin verse obligados a trabajar de cualquier cosa durante gran parte de la jornada para poder subsistir. Este curso 2025-2026 no obstante, ha decidido becar a dos. Lo ha hecho a través de la Fundació Rosalía que creó en agosto del 2025, con domicilio en l'Hospitalet de Llobregat. Y no se limita a eso: la estrella les hace un seguimiento. Quiere conocer su evolución. Saber si tienen lo que necesitan. Hasta les invitó a asistir a la ya célebre *listening party* de *Lux*, en el Museu Nacional d'Art de Catalunya (MNAC).

Cantar, bailar
y flamenquear

La flamencura de Rosalía es aprendida con ahínco, método y obsesión en las aulas de Barcelona. Dos referentes del cante y el baile la forman de cero. Una es bailaora de padre gitano, La Tani, llegada con 5 años desde Linares (Jaén) a un barrio periférico. El otro, Chiqui de La Línea, es un payo criado entre gitanos en La Línea de la Concepción que, al cumplir los 20, se establece en la capital catalana, donde entra en contacto con las peñas y asociaciones andaluzas flamencas. Tanto La Tani como Chiqui van a ser figuras destacadas de la escena flamenca en Catalunya. Van a estar años dándolo todo en los tablaos de la ciudad, las únicas salas de música en vivo que, aún en la actualidad, se llenan a diario en Barcelona.

De pequeña, Tani acudía a clases de baile flamenco en la Barcelona de los años cincuenta. Su hermana y ella tenían tanta gracia bailando en fiestas y bodas –"las cosas de los gitanos"–, que la madre las llevó a una escuela del Paral·lel que encontraron por casualidad. Era la academia de Manuel Lombardero, de donde salieron artistas como La Toná, Lario Díaz o La Taranto. Y allá que iban, a diario, La Tani y su hermana. Con 8 y 10 años cruzaban la ciudad, a pie y en tranvía. "Aquello era una odisea, no sé si los jóvenes de hoy lo harían", dice Ana Santiago Salido, *La Tani*, tomando un té en un bar de Sant Andreu próximo a su escuela.

Un letrero con su nombre destaca entre los establecimientos de la cercana calle Alella. Esta había sido antes una academia de ballet que impartía también otros estilos. Ahí La Tani había dado clases de baile flamenco. Y lo cierto es que las niñas del clásico –asegura– se lo pasaban mejor calzándose los zapatos de flamenca. En Barcelona, La Tani bailaba en todos los tablaos durante largas temporadas. Salió de gira por todo el sur de Francia, Suiza, Alemania, Italia... "Si no me fui a Japón es porque me da miedo el avión", dice resignada. Amaba el escenario por encima de todo, pero cuando la dueña de la escuela le anunció que cerraba y le propuso el traspaso, tuvo dudas. Aunque estaba en su

Rosalía, por ahí por Barcelona...

treintena, empezó a pensar en su futuro. "No se sube al escenario de por vida…".

"Cuando llegó Rosalía a la escuela, vi a una niña muy normal. Muy educada, respetuosa, trabajadora, con muchas ganas de aprender. Quería ser muy flamenca, cosa que le costaba, porque ella es muy catalana. Pero eso no tiene nada que ver, porque mira Carmen Amaya y gente de Barcelona que baila muy flamenco. Digamos que no era la típica niña que viene a la escuela así flamenquita. Era ella distinta". La Tani habla con un mirar negro bien intenso. Recuerda que Rosalía iba dos tardes por semana. Al llegar, se sentaba en las escaleras de la entrada a enseñarle al marido de La Tani, el cantaor Gabriel Cortés, lo que habían aprendido en clase. "Le cantaba cosas de La Niña de los Peines, y él se lo corregía un poco y le enseñaba cositas –describe–. Yo la admiro, a Rosalía. Cuando veo a una persona que, aunque no sepa mucho, tiene tanta pasión, es de admirar. Le gustaba tanto el flamenco… que había que ayudarla".

La veterana del baile entrará en un rato a dar tres clases seguidas. Ahí habrá entre quince y diecisiete personas por clase. "Rosalía vino durante tres cursos. Si se hubiera mantenido ahí, estaríamos ante una buena flamenca –dice–. Cantaba bonito. Habría hecho sus pinitos.. Pero ella se salió del flamenco. Se salió de ahí. Y no importa, yo me alegro mucho de lo que le ha pasado. Ella apostó por un décimo y ahí estaba su destino".

Pero para irse del flamenco, primero hay que haber estado. Y tenerlo de base no es cualquier cosa para un artista. Ya lo dijo el bajista Alain Pérez, uno de los mejores en su instrumento: el artista cubano sostenía que no llegó a ser músico hasta que se enamoró del flamenco. En Catalunya hay flamenco desde principios del siglo pasado. Hay mucha semilla, han germinado muchos artistas. Y cuando ha hecho falta, se ha construido de cero una educación. Fue desde Barcelona que se abrió la ventana para que dentro de los recintos académicos se ofrecieran clases de cante flamenco. De eso se encargaron el Taller de Músics y Chiqui de La Línea.

Nacido en 1951, José Miguel Vizcaya, *Chiqui de La Línea,* pertenece, lógicamente, a una generación que lo aprendió de manera muy fluida y natural. Sus padres no eran profesionales, pero cantaban. Y en su casa de La Línea nunca faltaba un disco de flamenco. "En aquellos tiempos, en la radio del régimen sonaba a todas horas del día. Yo, jugando a las canicas, escuchaba flamenco. Tenía una pasión por el flamenco que me arrastraba. En algún momento he pensado que hubiera sido mejor que no hubiera sido tan intenso, porque abandonaba otras cosas", explica con su particular timbre

Rosalía, por ahí por Barcelona...

de voz. A su llegada a Barcelona, comenzó a promocionar ese arte y a conservar su esencia. Se interesó por estudiar a fondo y con un poquito más de enjundia de dónde viene todo eso. Y con el tiempo, acabó destacando como uno de los cantaores que en Catalunya hablan del asunto con conocimiento. Un cantaor documentado. De ahí que Lluís Cabrera lo fuera a buscar para dar clases en el Taller de Músics. Y que lo recomendara además para la Esmuc, cuando la nueva escuela iba buscando alguien que diera esa asignatura.

Rosalía disfrutó de ese privilegio: la educación del cante estaba ya profesionalizada cuando ella se incorporó al mundo académico. Eso era una novedad. Una rareza. Y fue el propio Chiqui quien tuvo que investigar para armarse con un método. Pues no había nada donde agarrarse. No había referentes, como sí los había en la enseñanza de la guitarra o el baile. Chiqui cuenta que tenía que andar buscando y rebuscando en bibliotecas y discotecas, contactando con gente... "Era un trabajo muy arduo. Iba aprendiendo sobre la marcha, también de lo que me iban enseñando mis propios alumnos. Después, con el tiempo, me he dado cuenta de que estaba en el camino correcto, lo cual me ha dado grandes satisfacciones morales. Mi inquietud como profesor fue investigar las posibilidades y el potencial de cada alumno, investigar las herramientas adecuadas para que pudiera aflorar esa capacidad de llegar a cantar una cosa tan complicada como es el flamenco".

Rosalía quería formarse a toda costa con Chiqui en el cante con rigor. Su intención inicial no era quedarse en lo que llaman flamenquito, un flamenco un poquito más diluido, en el sentido de más comercial. El profesor tuvo que ver cómo abordar el reto, aplicando una línea de trabajo que había empleado con mucha gente que venía *del exterior*. "Entre los primeros temas en los que puse a trabajar a Rosalía había una de las canciones antiguas recopiladas por García Lorca: *Anda jaelo*. Algo sin una dificultad técnica excesiva, pero que iba a ir muy bien para introducirla en el clima y el ambiente flamenco. A partir de ahí fuimos aumentando el nivel de dificultad, poco a poco, lentamente, teniendo en cuenta que pasó conmigo siete años". En el proceso hay un factor crucial: "la importante capacidad de asimilación de Rosalía". El maestro le va poniendo retos. Y es cuando le plantea los mayores niveles de dificultad, ya en el núcleo central del flamenco, en lo más clásico, lo más puro, que Rosalía logra la excelencia.

Ahora bien, al venir ella de ámbitos musicales muy diversos y no llevar el flamenco de cuna, lo que aprendía necesitaba mantenerlo en el tiempo con la práctica. Porque, como indica Chiqui de La Línea, las memorias musculares, auditivas, expresivas... todas esas memorias, si no se mantienen, se diluyen. "Vas colocando la voz de otra manera a medida que vas cantando jazz o cantando soul, música pop, música urbana, canción melódica u otras muchas cosas que cantaba ella. Puede que con el tiempo se te vaya mezclando todo y te acabe eclosionando una manera de cantar muy sui generis, muy tuya. Y por lo tanto, te apartas del flamenco. Porque el flamenco intenta poseer el alma del intérprete. Requiere unos rasgos, una manera de cantar que, en cuanto tú te apartas un poco, es muy fácil perder la esencia de aquello que sentías".

El maestro cantaor sabía que eso podía ocurrir con Rosalía. Pero no quería constreñir a la estudiante. Y ante el devenir estilístico de la carrera de la artista, apunta lo siguiente: "Creo que se dio cuenta del esfuerzo que suponía mantener la pureza del flamenco. Y a lo mejor no le interesó seguir por esa línea. Sencillamente, debió de pensar que era más fácil volcarse con su creatividad, hacer mezclas, fórmulas híbridas, algo que potenciara su creatividad, que es una cosa muy gratificante. Y a la hora de hacer tus propias canciones, es más fácil hibridar que hacer algo propio dentro de un estilo puro", opina el cantaor.

Algún día contará Rosalía si estas fueron decisiones tomadas a conciencia o bajo el impulso de la creatividad. En cualquier caso, la artista de Sant Esteve Sesrovires no dejó inconcluso su propósito de cantar flamenco clásico. Ya de la mano de Chicuelo, en espectáculos producidos por el Taller de Músics, dejó aflorar su parte más jonda. El guitarrista y prolífico compositor de Cornellà de Llobregat se la llevó de gira en el 2013, en sustitución de Sílvia Pérez Cruz, que por cuestiones de agenda no pudo acudir a la promoción de la película muda *Blancanieves*. El premiado film de Pablo Berger, con música de Alfonso Vilallonga y Juan Gómez *Chicuelo*, le había valido a este último el Goya en el 2013 por *No te puedo encontrar*. Y para interpretar aquellas canciones en vivo había que viajar a lugares como el Festival de Cine de Panamá, con Rosalía de voz solista.

Inciso: en el vídeo de *Berghain*, el primer éxito de su reciente *Lux*, Rosalía aparece con el lacito en el pelo del personaje de Blancanieves, rodeada de animalitos y en ambientes que remiten a la historia de la princesa y el bosque. Cosa que se ha interpretado como un recurso metafórico...

"Era una buena profesional; Rosalía veía de verdad hacía dónde ir para tener éxito. Era muy simpática y muy descarada. 'Chicuelo, tienes que aprender inglés', me decía, y yo le ponía excusas; éramos bromistas. Viajando con ella tuve cercanía y vi lo mucho que se cuidaba y que se quería. Es algo raro en alguien tan joven. Ella evitaba viajar el mismo

Rosalía, por ahí por Barcelona...

• El Midtown neoyorquino amaneció a finales del 2025 con la imagen de la portada de 'Lux' en pantalla gigante. | ALVG día de la actuación: para cantar dos o tres temas de la película, viajaba un día antes. Quería descansar y estar bien de la voz para el trabajo. Esa profesionalidad, a esa edad, no se la he visto a nadie. Es de admirar la perseverancia, el trabajo... Se ha tomado las cosas con una profesionalidad muy profunda".

Otro inciso: ese cuidado podía tener que ver con la etapa en que, de jovencita, Rosalía tuvo problemas con la voz y hubo de pasar tiempo sin cantar. Cosa que la llevaría a partir de entonces a cuidarse, a tener una gran disciplina, a descansar de manera preventiva.

Para cuando la artista y Chicuelo salen de gira, ambos habían compartido ya escenario en el JazzSí Club, el local que tenía el propio Taller de Músics junto a las aulas del Raval. También actuarían juntos en el Festival Grec de aquel 2013, en ocasión del centenario de Carmen Amaya. Era un espectáculo con coreografía de Maria Rovira y música y dirección musical del propio Juan Gómez. La cantante solista, Rosalía, cumplió de largo. Al año siguiente, Chicuelo y ella coincidieron de nuevo en un homenaje a Maruja Garrido del que hablaremos más adelante.

"Rosalía es una enamorada del flamenco, pero viene de otras cosas —incide el guitarrista y compositor—. Ella no arranca de lo más profundo, sino ya a unos metros del suelo; lo tiene de una manera más superficial. Pero eso no es ni bueno ni malo: es así. A lo mejor, ella de niña no escuchaba a Manuel Torres o La Niña de los Peines, no cantaba por bulerías y fandangos, ni andaba bien de ritmo como yo de niño. El flamenco, como mejor se transmite, es de forma oral, familiar, desde que naces, que es cuando tienes el disco duro vacío y eres mucho más receptivo. Así nos ha pasado al cien por cien de los mejores artistas. Rosalía arrancó más tarde y de otra forma, y seguramente eso la llevó a expresar sus vivencias musicales de una manera diferente. Aunque está claro que el flamenco marca un antes y un después en su vida".

Siendo todavía estudiante del Taller de Músics, Rosalía quiso grabar su primer disco. Quería que fuera un disco de flamenco ortodoxo. Su madre y ella se reunieron con el director del Taller, Diego Ruiz, y con Chicuelo. Dice este: "Rosalía cantaba bonito, pero yo no la veía preparada para hacer aquel disco conmigo de la manera que ella quería hacerlo. Yo la habría metido en un álbum muy clásico y seguramente habría recibido más críticas que halagos. Porque cuando ella luego conoce a Raül Fernández *Refree* y graban *Los ángeles,* lo que llama la atención es la deconstrucción del sonido de esa guitarra. Yo eso nunca lo hubiese hecho así".

"Ella –prosigue– no sabe el favor que me debe. Como dice el refrán, lo que sucede conviene. Y convenía que yo no lo hiciera para que ella triunfara. No se nos olvidará en la vida, porque, gracias a que yo no lo hice, ella ha triunfado. El éxito le habría llegado igual, pero no tan rápido. Yo la hubiese querido meter por sitios por los que ella no tenía la capacidad de entrar. Y habiéndolo hecho con Refree, ya era otra cosa".

Chicuelo asegura que es la primera vez que verbaliza públicamente este detalle que marcó los inicios discográficos de Rosalía. Él no se negó a grabar ese primer disco de ella, pero dijo que, los dos en solitario, sin nadie más, no lo veía. Le proponía contactar con un músico alternativo, de otro tipo de tendencia, alguien de sonidos actuales, explica, para incorporarlo al proyecto. Ese fue exactamente el papel que jugaría El Guincho en el segundo álbum de Rosalía, *El mal querer*.

"Yo visualizaba lo que hizo en este segundo disco, en el que se basaba en cantes clásicos del flamenco, con guitarra y palmas. Lo visualizaba conmigo tocando y supervisando el cante. Propuse buscar a la persona que coprodujera; yo no conocía a nadie que pudiera hacerlo. Eso se estancó, y Rosalía grabó con Refree".

Y de repente la gente empezó a hablar de ella.

Rosalía, por ahí por Barcelona...

Lo que está claro es que Rosalía no ha triunfado cantando por seguiriyas, señala Chicuelo. "A ella le sobra valor, pero no le haría ningún bien grabar un disco ortodoxo por fandangos, soleás... Porque ojo con llamarlo flamenco cuando queremos decir 'tintes de flamenco' o 'aflamencado'. El flamenco es una música muy compleja, por eso es de minorías; no todo el mundo tiene el paladar para saborear ese plato. Pero lo pones en fusión con otro tipo de música y ya tienes el aliño del plato".

El asunto de si Rosalía era o no flamenca hizo correr ríos de tinta cuando salieron sus primeros dos álbumes con año y medio de diferencia, en febrero del 2017 y noviembre del 2018. Se la acusaba de apropiación cultural. Cuando se le echaron encima los flamencos, salió José Luis Ortiz Nuevo, el gran teórico y el más veterano de todos, a defenderla. "Rosalía, más flamenca que nadie".

Ese iba a ser el título de la conferencia que iba a dar en La Térmica de Málaga, programada por una especialista en flamenco, Beatriz del Pozo, promotora del documental *La Chana*. Pero estalló la pandemia, hubo que cancelar. El sabio recuperó la idea al año siguiente, en el Taller de Músics de Barcelona. Sus argumentos se remiten a los hechos: en *El mal querer,* Rosalía usa los recursos estilísticos del flamenco teniendo en mente a La Niña de los Peines, así como

todos los pequeños símbolos, las decoraciones, los obje-
tos... "Todo hace referencia a algo histórico del flamenco.
Es como si estuviera hecho tomando notas de todo ello en
una libreta. Rosalía es una aglutinadora de conceptos. Lo
supo absorber todo. Ese arte estaba ahí para quien lo quisiera, y ella pasó por delante. Debería estar todo el mundo
feliz y contento", indica Del Pozo, que es además pianista
clásica y profesora de baile flamenco.

"Eso de crucificar a la gente es muy gratuito –concluye
Chicuelo–. Yo me alegro mucho por ella: por su trabajo y porque no ha engañado a nadie. Ella ha hecho lo que ha querido. Ha estudiado para unas cosas, lo ha cantado, lo ha mez-
clado con eso y con aquello, y que la escuche quien quiera; y
quien no, que se ponga otra cosa. Pero nunca ha dicho que
se considere una cantaora de flamenco. Que le guste, sí. Y de
hecho, lo que canta en esos dos primeros discos es flamenco tradicional. Tiene esa voz laína, superrápida, con mucha
velocidad, pero con mucha dinámica. De repente no la oyes,
y de repente saca un pedazo de voz que no veas. Ella es muy
inteligente: canta y deja que los demás hablen y se maten entre ellos. Rosalía ha partido de un sitio, pero ha tomado una
dirección clara. Ella hará lo que le dé la gana. Ha demostrado
bastante descaro y libertad, y eso es importante, aunque después se haya encontrado con miles de ventas".

Rosalía, por ahí por Barcelona...

La conexión Morente
y la estela de Sílvia Pérez Cruz

No debe de haber muchas estrellas del pop que, antes de despuntar siquiera, se hayan convertido en asunto de tesis doctoral. Ocurrió por casualidad en Madrid, en el 2018. El musicólogo y compositor valenciano Daniel Gómez Sánchez andaba por la plaza de Colón cuando, de repente, escuchó a Rosalía en plena prueba de sonido en un escenario al aire libre. Se trataba de un evento de Red Bull Music en el que ella iba a presentar *El mal querer.* Una actuación gratuita ante miles de personas. "Tra tra... malamente... toma que toma...". Confiesa que le atrapó la fuerza de aquel canto tan visceral y seguro. Al dar la vuelta y acercarse, le sorprendió ver que se trataba de alguien tan joven, moviéndose con aquella seguridad. "Tenía la mirada del tigre que solo he visto en Beyoncé y artistas con poderío", asegura.

Daniel Gómez lo cuenta al teléfono, reviviendo la emoción de lo sucedido hace ya ocho años. Aquello le causó tanta impresión que decidió cambiar el tema de la tesis para su doctorado en la Universidad Complutense. Ya no versaría sobre Radiohead, el grupo de Thom Yorke, a cuyos miembros tuvo la oportunidad de conocer estudiando en Oxford, sino sobre esa joven aún por consolidar que, sin asomo de duda, iba a dar que hablar. Era poco probable que se aceptara su petición. La idea no reunía los requisitos de un estudio de tesis, pero, para su sorpresa, le autorizaron el cambio.

Rápidamente se trasladó a Barcelona. Tenía un arduo trabajo de campo por delante. Había que conocer los orígenes de Rosalía, acercarse a los lugares donde la artista había comenzado su singladura. Visitó la escuela de danza a la que iba de niña en Sant Esteve Sesrovires; también la de flamenco de La Tani y los centros de estudios musicales en los que se formó, es decir, el Taller de Músics y la Esmuc. Trabó relación con Las Migas, el grupo flamenco que Sílvia Pérez Cruz había fundado en el 2004 junto con otras estudiantes de la Esmuc. Las siguió durante un tiempo en sus giras de conciertos, ya sin la de Palafrugell, que hacía tiempo que volaba en solitario. Pero estudiando aquella voz, vio que entroncaba con la de Rosalía. No en vano el Taller de

Rosalía, por ahí por Barcelona...

Músics había propuesto a menudo a la joven de Sant Esteve Sesrovires como sustituta de Sílvia Pérez Cruz cuando esta no estaba disponible. Ese rasgo común entre ambas definió uno de los ejes de la tesis.

La tituló *Rosalía: intercambios culturales entre la cantante y compositora y su equipo formativo-creativo*. Y la defendió ante el tribunal de la Complutense en el 2024, con nota excelente. En ella exploraba tanto su música como las redes de personas y contextos que habían influido en su desarrollo creativo. Todo ello desde una perspectiva del estudio de la música en su cultura.

El otro eje del estudio lo constituyó, cómo no, la conexión conceptual que tenía Rosalía con Enrique Morente. Es cierto que apenas coincidieron: Rosalía entraba a estudiar en la Esmuc a inicios del 2010 y Morente moría en diciembre de aquel mismo año. Pero el inclasificable cantaor granadino acabaría siendo para ella un maestro. Precisamente por su filosofía sobre la libertad de crear y de experimentar desde el conocimiento profundo del flamenco. Porque el maestro del Sacromonte era una auténtica enciclopedia del cante. Su segundo álbum puede casi considerarse un tratado del cante ortodoxo. Y al mismo tiempo, su figura vertebraba el plan educativo del Taller de Músics, en cuyos seminarios iban de la mano el alma del jazz y el alma del flamenco.

Artistas como el mismo Morente ponían en práctica esa convivencia. Prueba de ello fue su colaboración con el mítico batería de jazz Max Roach en la Bienal de Sevilla de 1992. Aquel fue un concierto transgresor, por la compleja mezcla de flamenco con elementos jazzísticos. Faltaban apenas cuatro años para que el maestro granadino sacara el revolucionario *Omega*, un álbum firmado junto a sus paisanos Lagartija Nick y a cuyo título hace un guiño Rosalía en *Lux*, llamando así a uno de sus temas.

En aquel álbum, la banda de rock arropa a Morente en su cante mientras él adapta poemas de Federico García Lorca y temas de Leonard Cohen. "Este es otro punto de conexión con Rosalía. Porque si hay algo fundamental en Morente es el modo en que musicaliza versos de poetas", apunta Daniel Gómez. Desde Miguel Hernández (*Nanas de la cebolla*) o Federico García Lorca (*Pequeño vals vienés*) hasta san Juan de la Cruz. En este sentido, el tema *Aunque es de noche* que Rosalía grabó luego, en el 2017, en colaboración con Raül Refree, es fundamental para demostrar ese vínculo suyo con Morente. Ella no quiere limitarse a cantar letras que ya sonaban en la voz de La Niña de los Peines. Y ahí adapta un poema de san Juan de la Cruz. "Lo de capturar un texto y llevárselo a su terreno supuso para ella algo maravilloso", conviene el autor de la tesis.

Rosalía, por ahí por Barcelona...

Ya siendo alumna del Taller había tenido ocasión de cantar textos poéticos. La escuela le brindó también la oportunidad de participar, junto a otros diecisiete alumnos, en la grabación de un disco con textos del barcelonés Valentí Gómez i Oliver. De manera que, en contra de lo que muchos fans creen, su primer tema grabado en catalán no sería su famosa rumba *Milionària*, del 2019, sino este álbum, *Or verd*, aparecido un lustro antes, en el 2014, con composiciones de Jack Tarradellas e Ivan Santaeulària, que musicaban los versos del poeta contemporáneo.

Armonizar ondas musicales es un reto que asumieron figuras como Carles Benavent, Jorge Pardo, Chano Domínguez, Javier Colina o Perico Sambeat. Y es algo que el Taller lleva en su ADN. Santiago Auserón, que a finales de los noventa tuvo un flechazo con esta escuela, cree que el centro "nació para amarrar los destinos de la solvente tradición jazzística catalana y del flamenco, la más universal de nuestras músicas populares". El ex Radio Futura volvía de Cuba ya rebautizado como Juan Perro. Venía de maridar sus sonidos con los sones de la isla caribeña cuando en la escuela del Raval vio un anuncio en el que se decía que el prestigioso guitarrista de jazz Jordi Bonell iba a ofrecer allí unas clases. Y pensó que a él le iba a venir muy bien apuntarse para aprender a descifrar algunos standards del jazz. Una decisión que, sostiene, le cambió la vida.

Los fundadores del Taller de Músics, ya fueran músicos de jazz, flamenco, música cubana o pop-rock, quisieron que el eclecticismo fuera su divisa. Y que los diferentes géneros musicales fueran un medio, es decir, el método pedagógico. Que se ofreciera conocimiento sin limitar la imaginación. Y en este sentido, su fundador, Lluís Cabrera, se siente especialmente orgulloso de que Rosalía saliera del centro sabiendo lo que tenía que saber sobre los standards de jazz y sobre los palos de flamenco... sin casarse con ningún género.

"Recuerdo las palabras de Morente: 'Mira Luisito, no hay maestros, hay discípulos'. Es decir, el buen discípulo es aquel que pincha al maestro. Y, como discípula, Rosalía, con su innata inquietud, fue ejemplar. Ella te cantaba un standard y, al mismo tiempo, hay grabaciones de ella cantando *por derecho*, como se dice en el argot flamenco. Ojo, a mí se me echaron encima las asociaciones gitanas cuando salí en defensa de Rosalía. Y yo les dije que si no querían que nadie más aprendiera flamenco, lo tendrían que encerrar en el patio de casa. Porque si cantas, bailas y tocas la guitarra, solo puedes encerrarte si no quieres que te vean y aprendan de ti".

Rosalía, por ahí por Barcelona...

Hay otro eje fundamental que entronca a Rosalía con Enrique Morente: el misticismo. Es un tema que ocupa de lleno el último trabajo discográfico de Rosalía, con ella en la portada vestida de monja. Aunque el cantaor no fuera un católico practicante de ir a misa los domingos, sí tenía un interés por lo místico. Una muestra es su famosa *Misa flamenca*, en la que no solo utiliza textos de san Juan de la Cruz, Lope de Vega, Juan de la Encina o fray Luis de León, sino que todo ello lo inserta en un formato litúrgico. El investigador de la Complutense Daniel Gómez sostiene que eso es algo que Rosalía absorbió como si fuera una esponja. Bebió hasta la última gota de aquella *Misa*, que había sido grabada en Madrid en 1991, un año antes de nacer ella.

En todo caso, el método creativo de Morente y de Rosalía difieren. El maestro del cante hacía experimentos. No era meticuloso: juntaba a tres o cuatro músicos y proponía intentar eso o lo otro. Lo que surgía o dejaba de surgir escapaba a las manos de Morente, pero era él quien decía "está bien" y lo validaba. Lo propiciaba él pero lo hacían los otros. En este sentido, Rosalía no hace experimentos: lo suyo consiste en aportar todo lo que sabe. Y es meticulosa: se lo lleva, lo pone y se lo hace suyo. Es mucho más elaborado. No hay nada dejado al azar.

Llegados a este punto, surge otra conexión. Otro hilo rojo que conecta a Rosalía con el cantaor. Y es que en esa *Misa flamenca* tuvo un papel protagonista, siendo aún una adolescente, Estrella Morente, su hija. Y es a esta última, junto con Sílvia Pérez Cruz, a quien Rosalía ha invitado a cantar unas frases en *La rumba del perdón*, otro de los temas de *Lux*. Un gesto con el que la cantante celebra ese legado, de la mano de dos de sus referentes.

Esta es una colaboración de la que Estrella Morente no acaba de estar satisfecha, tal como dijo en varias entrevistas tres meses después del lanzamiento de *Lux*. No imaginaba que su intervención sería tan corta, teniendo en cuenta la cantidad de material grabado que, según dijo, le había enviado a Rosalía. La aparición fugaz de estas dos voces, la suya y la de Pérez Cruz, en plano de igualdad, parece parte del tratamiento artístico contemporáneo para esta rumba sobre la culpa y el arrepentimiento. Una canción con emociones clásicas pero sensibilidad moderna. Contar con ambas para esta producción tiene un gran valor simbólico: las reconoce como maestras y, además, reivindica la voluntad flamenca de Sílvia Pérez Cruz, que comenzó a hacerse un nombre cantando flamenco con Las Migas desde Catalunya.

Los mayores impulsores de la revolución del flamenco desde la guitarra y el cante eran de Andalucía: Paco de Lucía, Morente, El Lebrijano y Camarón de la Isla. Pero practicar esa búsqueda de nuevas aproximaciones al flamenco es algo que se ha hecho con menos temor y más libertad desde Barcelona. En la capital catalana no hay tanta presión sobre la pureza de ese arte. "No conozco a nadie a quien Barcelona no le haya parecido una cuna del flamenco. Aquí hay mucha semilla, y han germinado muchos artistas. Y seguirán haciéndolo, porque es tierra de arte. Morente adoraba Barcelona, igual que Camarón. A muchos artistas que vienen les encanta Barcelona. Hemos tenido durante mucho tiempo mucha categoría. ¡Camarón cantaba en el Tablao Cordobés!". Lo sostiene el propio Chicuelo, que no es nada ajeno a los experimentos. Él mismo conoció a Morente en los seminarios que el Taller de Músics organizaba en Begur, en la casa de Carmen Amaya, y coincidió con él en un cuerpo a cuerpo de dos horas. Pero también abrazó todo tipo de fusiones y formó un tándem creativo indestructible con Marco Mezquida.

En este sentido, tampoco es baladí que tanto Sílvia Pérez Cruz como, después, Rosalía hayan grabado en colaboración con un músico como Raül Refree, interesado en la música tradicional y en reinterpretarla a su manera. "El flamenco siempre se ha querido presentar como la gran música ibérica, pero está todo más conectado de lo que nos quieren hacer creer", comenta el artista barcelonés en el hall del Casino de l'Aliança del Poblenou. Acaba de presentar en directo otro álbum en el que explora las músicas de raíz; esta vez la inmersión la ha hecho en el folklore gallego, ha viajado a esas tierras, se ha dejado atrapar. Para alguien que, como él, se define como melómano antes que músico, el flamenco no está tan lejos de otras tradiciones ibéricas. "Comparte armonías con algunas músicas naturales de Murcia o Extremadura, y hasta con los fandangos asturianos. Y nos parece detectar ese sustrato preflamenco al oír una música rumana o una música marroquí", añade este punky de la tradición, con su look despeinado.

Rosalía, por ahí por Barcelona...

El primer grupo de Rosalía

A día de hoy, la costumbre de mezclar géneros y estilos se ha extendido por todo el mundo. Se viaja con facilidad y se escucha todo en casa por internet. Pero hace tres lustros, aún se dejaban sentir los últimos coletazos del mestizaje genuinamente barcelonés. Aquella movida de los ritmos, el flamenco y la world music, la vivió todavía en propias carnes Rosalía cuando, a sus 19 años, se disolvió la banda que abanderaba aquel movimiento, Ojos de Brujo. El combo de éxito internacional, pionero en lo que en un momento dado se apodó *hip hop flamenkillo* y derivó en categorías más complejas, había entrado en crisis. Ocho pueden ser multitud cuando aparecen las desavenencias internas. De manera que algunos de los miembros procedieron a fundar otros grupos.

Xavi Turull, el respetado percusionista barcelonés, ya había trotado los mundos investigando sobre el cajón cuando entró a fundar Ojos de Brujo. Había vivido en China, India y Cuba. Y había sido "el payo catalán" que acompañaba a los flamencos puristas de Madrid (Riqueni, Cañizares, los Parrilla o el Maka). Meterse en un grupo mestizo le liberó en muchos sentidos. Sobre todo le permitió moverse sin ataduras por el flamenco. Lo explicaría él mismo, poco antes de su fallecimiento en el año 2020: junto al guitarrista Ramón Giménez, *El Brujo,* Turull había encontrado la manera de adentrarse con el cajón por derroteros que llevaban al reggae o al funk.

Una vez acabada esa aventura con Ojos de Brujo (de 1996 al 2011), optó por regresar a los orígenes de la fusión y fundar un *ensamble* de flamenco-jazz que se llamaría Kejaleo. Aquel grupo estaría formado por músicos que eran primeras espadas de la fusión: el guitarrista y compositor flamenco Diego Cortés (que había colaborado con músicos diversos, desde Mike Oldfield a Santana, desde Paco de Lucía a Albert Pla); el batería Roger Blàvia (muy apreciado por Carles Benavent o Joan Albert Amargós); el guitarrista eléctrico Cristo Fontecilla (neoyorquino de origen chileno que vivía en el sur de Europa) y, por último, Jordi Franco, el bajista que lograba contener toda la negritud en las cuatro cuerdas de su instrumento.

Rosalía, por ahí por Barcelona...

Aquella banda de mucho nivel se puso a buscar una vocalista. Les hablaron de una tal Rosalía Vila, alumna del Taller de Músics. Les venía recomendada por una compañera de estudios en el Taller, Paula Domínguez, que en aquel momento había sido elegida por Ramón Giménez para la banda Lenacay, otra de las escisiones de Ojos de Brujo. Rosalía se ocuparía, en Kejaleo, del cante y el compás, pero también del scat, esa improvisación vocal de jazz que se hace a base de sílabas e imitando frases de otros instrumentos con la voz. A finales del 2011 se puso en marcha el proyecto que, a pesar de su sugerente y alborotado nombre, era de mucha seriedad. A la cantante le permitiría poner en práctica habilidades vocales en ambos géneros: jazz y flamenco; pero también alguna aproximación al orientalismo.

Rosalía llegó a grabar con ellos *Al aire,* el único disco de la banda, editado por Karonte, que vio la luz en el 2013, cuando ella ya había abandonado el proyecto. Fue su primera grabación importante antes de volar en solitario. En un programa televisivo al que acudió parte del grupo a promocionar un concierto que iba a tener lugar en el Festival de Jazz de Barcelona, aparece ella, muy profesional, actuando junto a Turull y Fontecillas. Luego, durante la desenfadada entrevista, un tarotista percibe que Rosalía brilla entre las masas y le echa en directo las cartas: en cuatro años será una estrella, le anticipa.

No solo eso: también le asegura que ve que hay algo extraño que a ella le impide ponerse a bailar. Algo le frena. El motivo tendría que ver, probablemente, con que la cantante sufría cierto pudor derivado de su juventud y de la necesidad de sentirse previamente validada por los artistas sénior que la rodean. Sentada entre Turull y Fontecillas, la guapa Rosalía sabe que aquel proyecto no lo lidera ella. Le cuesta decidirse a salir a la palestra y acaparar la atención. Únicamente se apunta a rumbear en el fin de fiesta, ya con el público en el plató. Y ahí se atisba un amago de su arte.

Gracias a la fusión y el mestizaje, en Barcelona el flamenco había saltado de los clubs de jazz y los conciertos nicho a una escena más *mainstream*. Ya no sucedía como cuando Ramón Giménez era un chaval de la *Trini*, en los años ochenta, que era mal percibido. "Mis primos –recuerda El Brujo– veían mal todo lo que no era flamenco. Y a mis amigos rockeros no les gustaba el flamenco. Hablamos de una época en que era muy cutre escucharlo. En cambio, ahora es muy cutre no saber de flamenco". En aquel tiempo, Giménez acababa su jornada laboral y se iba al Gòtic a unirse a alguna jam, en algún piso *okupado*, en la que podía enseñarles un compás de bulerías a músicos nigerianos, cu-

Rosalía, por ahí por Barcelona...

banos, colombianos... y ver qué inputs inesperados le devolvían ellos. "No pretendía hacer evolucionar el flamenco. Sencillamente, en mi búsqueda de la propia identidad, me hacía ilusión propagarlo".

Hasta ese momento, la gente en Barcelona era muy permeable a la world music pero no estaba mirando hacia adentro. Sobre el flamenco pesaba aún la apropiación folklórica que había hecho la dictadura, que lo redujo a la peineta y los volantes. Era la música del imperio. Ni las propuestas comerciales, como Las Grecas o Los Chunguitos, contribuirían a quitarle ese lastre. El momento propicio para hacerlo sería el contexto del mestizaje underground. Presentado dentro de la cápsula Barcelona, aquel flamenco mestizo llegaba incluso al País Vasco. Y, contra todo pronóstico, Ojos de Brujo acabó de cabeza de cartel y actuando en el escenario Independència de la Acampada Jove de Sant Celoni, en el 2007. "I cantant en castellà!", recuerda Giménez.

Rosalía recibió una inyección de vitalidad en aquella incursión en los últimos coletazos del mestizaje. El *brujo* Giménez recuerda que un día, en el Mercat de Música Viva de Vic, ella saltaba contenta frente a él y, mientras le cogía las manos, le decía: "Ay, Ramón, ¡lo que estoy aprendiendo con vosotros!". El guitarrista de Ojos de Brujo considera que el grupo allanó el camino para futuras generaciones y se siente orgulloso de haber pasado el testigo a Rosalía, a La Sra. Tomasa o a Txarango. "Lo que nadie se esperaba era la meteórica carrera que tuvo luego Rosalía –concluye–. Estábamos felices pensando: 'Hemos culminado la montaña y hemos animado a alguien a subirse'. Aunque ella luego se fue por otros derroteros".

Rosalía, por ahí por Barcelona...

Garitos y tablaos:
de espectadora a cantaora

Desde que, con *El mal querer*, Rosalía irrumpe ante el gran público recreando una estética poligonera atravesada por la iconografía del flamenco, la percepción que en Barcelona se tiene de ella se puede calificar de variopinta. Hay gitanos que la ven muy paya; poligoneros del Llobregat que la sienten apropiacionista; expats del Poblenou que la creen andaluza, y liceístas de pro que aún intentan descifrar sus fases *fashion vulgaris*.

En realidad, aquella joven catalana era la típica chica de clase media de un pueblo del Baix Llobregat que se encontraba a tiro de piedra de las ciudades dormitorio. Ni poligonera ni pijilla: sencillamente, había pasado horas merodeando con amigos por esos lares. Y si su vida social era de lo más variada, sus gustos resultaban tan eclécticos como imprevisibles. No venía de una saga de artistas, no se debía a ninguna tradición: se ha hecho a sí misma completamente.

El Raval barcelonés marcó en gran medida sus años de estudiante durante aquella primera mitad de los 2010. Para empezar, era asidua a las jams del JazzSí, el club que era parte del propio Taller de Músics donde ella inició sus estudios. Allí pudo probarse como cantaora de flamenco con total libertad, como atestiguan las imágenes en las que se la ve con Chicuelo a la guitarra. Y se curtió incluso en una destreza tan compleja como es acompañar al baile como *cantaora de atrás.*

Como tantos otros músicos de la comunidad jazzística y flamenca de aquella generación, Rosalía se conocía los garitos del barrio desde todos los ángulos: como espectadora y como artista novel que estaba en edad de foguearse. Pasaba días y días en Robadors 23. También ofreciendo algunas actuaciones que se recuerdan como hipnóticas. Tanto como para que, en una matinée de invierno, el público se olvidara de la rata que correteaba por una viga del techo mientras ella cantaba, ajena a la situación. Su presencia escénica imponía. La gente entraba luego a saludarla maravillada.

Aquel bar era un laboratorio para muchos de los músicos de aquella escena; y lo sigue siendo. "En aquel momento, toda la comunidad jazzística de la generación del Pintxo [saxofón], Juan Pablo Balcázar [contrabajo], Carlos Falanga [batería]... y muchos otros dábamos conciertos ahí; la mayoría a taquilla, ganando cuatro o diez euros". Lo explica el pianista y compositor Marco Mezquida, un referente de la fusión y la improvisación barcelonesas, que además fue, durante unos meses, profesor de piano de Rosalía en el Taller de Músics.

Él había llegado de Menorca ya muy enamorado de la Rambla y de Barcelona. Su carrera la quiso hacer en la Esmuc. Necesitaba potenciar su creatividad e imbuirse de una filosofía musical distinta a la de los conservatorios tradicionales. Pero no era fácil lograr una plaza de piano que incluyera el jazz. Escaseaban. "La Esmuc era la única escuela superior en España en la que se podía estudiar muchas disciplinas musicales, muchos estilos distintos –explica el músico durante una pausa de su ajetreada agenda–. Logré entrar tanto por la plaza de jazz como por la de clásico. En aquel momento, sentí que yo era el paradigma de lo que buscaban: un estudiante que no únicamente tocara Mozart o jazz, sino que estuviera *open mind* a nivel filosófico. Me dio la sensación de que me abrazaba una ciudad que tenía ganas de exprimir desde la cosa más ravalera hasta la más clásica. Un lugar en el que todo convivía".

Mezquida, que es cinco años mayor que Rosalía, llegó a Barcelona en el 2005. Y lo recuerda como un momento excitante, con las *WTF (What The Fuck) Sessions* en el Jamboree y toda aquella hibridación y energía que se respiraba en la ciudad, antes de que llegara una nueva crisis. "Fue una época especial, previa a la crisis del 2008 y todo lo que vino después, que fue muy duro. Tocábamos ganando absolutas miserias pero haciendo algunos de los conciertos más maravillosos. Allí, en Robadors 23, se daba cita la escena de la libre improvisación, con Ramón Prats [batería], Albert Cirera [saxo] y diversos músicos que seguían tocando cada semana allí, de manera rigurosa, como si fuera una misa celebrada en un bar en pleno Raval".

Al acabar el concierto, se tomaban un chupito mientras entraban las prostitutas de la calle a comer los pinchos que compartían todos. Y Mezquida se sentía absolutamente en su salsa. "Éramos personas que trabajábamos de noche y teníamos un aprecio y una conexión muy fuerte con el barrio. Nos teníamos respeto, conversábamos, reíamos, había una relación guay con la gente del bar... Ese cariño y respeto por todos los estratos sociales, manteniendo los pies en la tierra, es algo que también tiene Rosalía. Y eso es algo que también la hace grande. No es una niña mimada ni un producto ficticio. No, no; ella ha

Rosalía, por ahí por Barcelona...

pasado mil horas en Robadors 23 y en el Raval en general. Es súper ravalera".

La crisis se prolongó hasta el 2013. La carrera de Mezquida comenzó a despuntar ya en el 2011, pero había estado haciendo ciento treinta conciertos al año, muchos de los cuales los cobraba según los ingresos de taquilla, con un cachet que no alcanzaba los veinte euros. En aquellos años precarios se quedaron por el camino bares que acogían música en directo. Se perdió cultura de club. La pandemia fue la estocada final, advierte Mezquida. "Desde la covid, la vida nocturna la han capado mucho; la política quiere ser cada vez más conservadora, interesa que todo se limpie. Y está muy bien que la Filmoteca haga que el Raval sea un barrio menos conflictivo, pero cargarse la cultura de club impide que la gente escuche música en directo".

Hay locales que cierran por una simple denuncia de un único vecino. De eso es testimonio también Lluís Cabrera, que aboga por que se habilite algún tipo de ayuda para recuperar la música en los pequeños locales. "Los teatros privados –razona– no existirían sin ayudas. Si el gobierno municipal y la Generalitat quisieran, de verdad, que los jóvenes músicos pudieran foguearse frente al público, podrían encontrar soluciones: una simple exención fiscal por el mero hecho de hacer música en directo sería una forma de conseguirlo".

De hecho, aquel Robadors 23 que conoció de joven Rosalía estuvo pendiendo de un hilo en aquella época. Los músicos se movilizaron, redactaron cartas, soportaron la presencia policial cada noche. Esa tensión evidenció la fragilidad de todo un entramado de pequeños clubs y bares que apuestan por hacer música en directo y que son necesarios. Una fragilidad que la gentrificación hace también insostenible. El Milano Jazz Club, un local estupendo que tenía protagonismo durante el Festival de Jazz de Barcelona, tuvo que cerrar en el 2023, después de casi dos décadas, por una subida del alquiler. El dueño quería arrendar el espacio de ronda Universitat a una franquicia de restaurantes italianos.

Como se ha visto en capítulos anteriores, de lo que no anda escasa la ciudad es de centros musicales de excelencia. Como escuelas superiores están el Conservatori del Liceu, la Esmuc, el Taller de Músics y el Centre Superior de Música Jam Session. Mezquida fue pronto reclutado como profesor del Taller tras finalizar sus estudios en la Esmuc. Corría el 2013. Y en nada formaría tándem con Chicuelo para explorar la retroalimentación del jazz y el flamenco. Pero mientras eso se cocía, Chicuelo tocaba a menudo con el cantaor Miguel Poveda, al tiempo que salía de gira con Rosalía, para la promoción de la película *Blancanieves*.

En las horas lectivas de piano que Mezquida pasó con Rosalía, ¿pudo apreciar ya en ella una motivación por el sincretismo?, le preguntamos. "Tiene el culo inquieto y ha bebido de muchas fuentes. Tanta curiosidad hace que lleves una mochila que vas llenando de experiencias y motivaciones, y sin duda de inspiración. En los pocos meses en que le di clases, nos caímos bien y nos teníamos aprecio y cariño. Me hace muy feliz saber que le van bien las cosas. En lo musical y artístico, conecto mucho con sus decisiones. Celebro que sea tan valiente y tenga la energía para ser la persona que es ahora. Porque no se trata solo de cantar y bailar bien: hay que tener una fortaleza psíquica muy bestia para soportar la presión".

La actitud proactiva de Rosalía se hizo notar en aquellos años de vida ravalera. No se le caían los anillos por ir a pedir que la dejaran subir a este o a aquel escenario. Se la podía ver en La Rouge o en un garito bohemio como el Bar Pastís, actuando para quince personas. La cantante fue ganando experiencia gracias a los muchos bolos que le proporcionaba el Taller, que incluían asociaciones culturales y fiestas privadas, pero también el FlamenKids que se programaba en el Palau de la Música Catalana para introducir a los niños en el flamenco. Todo ello, junto con proyectos como el de Kejaleo, hicieron que los profesionales del gremio comenzaran a tenerla en su radar. La cantaora Mayte Martín escribió un texto en el que destacaba lo bien que cantaba (aunque a posteriori viviría como una traición que Rosalía se alejara del flamenco).

El periodista Luis Troquel –también compositor, letrista y guionista– supo de Rosalía a través de ese escrito de Mayte Martín, de cuyo oído no podría dudar ningún flamencólogo. Así que, cuando desde la oficina de *management* del Taller de Músics le recomendaron a Rosalía para el homenaje a Maruja Garrido que él estaba organizando, no tuvo ninguna duda. La quería conocer. Aquel Festival Ciutat Flamenco del 2014 en Barcelona sería el inicio de una gran amistad.

Lo cuenta durante una distendida charla en la redacción de *La Vanguardia* el propio Troquel, para el que no hay recuerdos sin emociones. "Yo dirigía ese espectáculo en el Mercat de les Flors. Lo había titulado *Rumba surreal*, y era un homenaje a la gran Maruja Garrido, que cantaba todo el último tramo. Yo quería incluir una versión rumbera del tema que Mecano dedicó a Dalí, por toda la relación artística que había tenido el pintor con Maruja. Y, como era una producción del Taller de Músics, Diego Ruiz, que formaba parte de ese equipo y hoy está en el Conservatori del Liceu, me propuso que lo hiciera Rosalía. Ni me lo pensé, pues había oído hablar maravillas de ella".

Quedaron para conocerse un día en la terraza de un bar y a los cinco minutos era como si fuesen amigos de toda la vida. "Hablamos muchísimo. Hay cosas de aquella conversación imposibles de olvidar. Sobre todo cuando me decía que quería llegar a ser una diva: no en el sentido de la figura distante, sino en el de alguien que cantara y bailara sobre el escenario cuidando mucho también todo el aspecto visual. Todo circunscrito a un ámbito puramente flamenco, como mucho también de copla. El hecho de que en el Sónar 2018 presentara *El mal querer* permitió comprobar cómo aquel sueño se había cumplido con creces: diva flamenca, sí, pero a la vez urbana, inequívocamente del siglo XXI".

Troquel guarda momentos curiosos en su memoria. Como el de un ensayo de *Rumba surreal* que se celebró con el grupo rumbero en unos locales de extrarradio abandonados, casi en ruinas. Cuando Maruja Garrido terminó de ensayar su parte, se sentó en una silla a un lado. "A medida que Rosalía empezaba a cantar, veías en las caras de los músicos lo embelesados que estaban con aquella chiquilla que acababan de conocer. Yo hasta sufría por si la estrella del espectáculo se sentía en ese momento demasiado arrinconada. Sin embargo, justo cuando acabó su parte, lejos de recrearse en los halagos, Rosalía se fue directa a donde estaba sentada Maruja para preguntarle si le parecía bien cómo quedaba o si prefería que lo hiciera de otra manera. Y por supuesto, Maruja le dio su bendición, encantada además con tan enternecedor gesto".

Fue a propósito de aquel espectáculo que Troquel pensó que tenía que poner en contacto a Rosalía y a Raül Refree. Su habilidad para reunir a un determinado *star system* de la escena flamenco-coplera de Barcelona con creadores más vanguardistas iba a permitir que la artista grabara su primer disco, el célebre *Los ángeles*.

"Al espectáculo de Maruja Garrido invité a algunos amigos, claro. Entre ellos Sílvia Pérez Cruz. La presenté a Rosalía y estuvieron hablando unos minutos en la entrada del recinto. También había invitado a Raül Refree, que luego tenía un bolo y solo pudo ver la primera mitad. No llegó a ver a Rosalía cantando *Eungenio Salvador Dalí* mientras ponía ropa en una lavadora, pero sí una copla de los años treinta que hizo antes junto a Chicuelo: *Ya no te quiero*. Se quedó tan prendado de su arte que me dijo que quería conocerla.

• En el Sónar 2018 de Barcelona, cuando aún no había salido 'El mal querer' pero sí había publicado la icónica canción 'Malamente'. | ÀLEX GARCÍA / ALVG

Rosalía, por ahí por Barcelona

Entre una cosa y otra, y con todo el verano que pasó por en medio, quedamos un día Rosalía, Raül y yo en la terraza del restaurante Ponsa, en la calle Enric Granados. Cuando ya llevábamos mucho rato hablando, en lo que más conectaron ellos dos fue en su pasión por los astros del trap: Kanye West y, sobre todo, Kendrick Lamar. Y luego ya, muy muy pronto, empezaron a trabajar juntos".

Raül Refree y Rosalía iniciaron los ensayos a finales del 2014 sin un objetivo fijo. Barajaron incluso publicar dos proyectos a la vez: uno flamenco y otro electrónico. Al final les convencieron para centrarse solo en uno. Estaría todo dedicado a antiguos cantes flamencos. Para eso buscaban un guitarrista sobrio, que tocara como se hacía en los viejos discos de pizarra. Huelga decir que a Raül Refree –como creador y como instrumentista también– siempre le había fascinado el flamenco, desde incluso antes de empezar a trabajar como productor.

"Raül había estado al mando en el primer disco de Las Migas, y hay algunos momentos muy flamencos en sus consiguientes trabajos con Sílvia Pérez Cruz –analiza Troquel–. Al colaborar con Rocío Márquez, se metió mucho más de lleno. Fue interiorizando los palos sabiendo que su manera de tocar la guitarra tampoco sería nunca propiamente flamenca. Pero acariciaba la idea de hacer algo en ese sen-

Rosalía, por ahí por Barcelona...

tido". Un día de septiembre del 2015 en el que tenía programada una actuación en solitario en uno de los espacios alternativos más venerados de la ciudad, el pequeño y entonces destartalado Heliogàbal de Gràcia, invitó a Rosalía a que se sumara. Al día siguiente, Rosalía llamó a Troquel y le comentó lo a gusto que se había sentido cantando al lado de Raül; el camino hacia *Los ángeles* empezaba a materializarse allí. Cuando Refree la oyó cantar sin amplificación, cuenta Troquel que le confesó: "Tú y yo sabemos que algún día Rosalía será grande". "Lo recuerdo muy bien, estábamos viendo a Christina Rosenvinge en La Sedeta", puntualiza el periodista.

Al cabo de un mes, a finales de octubre, Rosalía actuaba por primera vez en Asia, lo que también suponía su debut ante una audiencia numerosa. Fue gracias a La Fura dels Baus, el grupo teatral que en una época determinada ha contribuido a mantener viva la llama artística barcelonesa en el mundo. El Gobierno de Singapur les había encargado uno de los macroespectáculos característicos del grupo para el Festival River. "La cuestión es que nos pedían que el espectáculo incluyera algo español; estaba claro que se referían a algo flamenco", cuenta el furero Pere Tantiñà al teléfono, mientras deambula por un vivero del Moianès al que ha ido a comprar plantón. Por entonces, su hija estaba tomando clases de canto y tenía por profesora a una prometedora estudiante de la Esmuc que no era otra que Rosalía Vila. La llamaron.

Vestida con una gigantesca bata roja de cola de mangas a la japonesa, Rosalía sobresalía en el escenario rodeada de bailarines y acróbatas aéreos. Se puede comprobar en el vídeo que circula por las redes. Interpretaba un par de temas flamencos, pero convenientemente salpicados de melismas orientales. Ya entonces manifestaba en escena su pasión por el estudio de los orígenes antiguos de las músicas. Allí, su voz, como se podrá comprobar a lo largo de su carrera, parece retroceder siglos en el tiempo, viajar a las profundidades comunes de los cantos, antes incluso de que estos se desplacen geográficamente. Como si otras vidas pasadas hicieran acto de presencia en Rosalía.

El resultado era espectacular para un show que se inspiraba tanto en la historia del propio río Singapur como en la degradación del medio ambiente, lo que no fue fácil tratándose de un país con déficits democráticos. "Siempre tenemos problemas con las autoridades —cuenta Tantiñà— y en aquella ocasión no fue diferente. Pero Rosalía se lo pasó muy bien. No creo que tuviera mitificada a La Fura dels Baus, pero actuar en un macroespectáculo en Singapur no lo haces cada día. Y teníamos grandes artistas en escena.

Rosalía, por ahí por Barcelona...

Pasamos juntos una semana, todo el equipo. En Rosalía vi a una artista. Tenía el ego suficiente sin el que nadie puede ser un artista. Recuerdo que nos dejó escuchar lo último en lo que estaba trabajando. Hasta me preguntó qué me parecía, como si yo fuera un entendido... Mi consejo fue que nunca hiciera nada que no quisiera hacer. Después barajamos la posibilidad de colaborar en alguna otra cosa, que no llegó a prosperar, y ya enseguida vino el salto de escala que ha dado".

Tras aquel paréntesis internacional de la mano de La Fura dels Baus, Rosalía siguió llevando una vida muy activa como espectadora por las salas de Barcelona, al lado de Luis Troquel. En más de una ocasión, comentaba con las amistades y con la familia que nunca había ido con nadie a tantos conciertos como con él. Y eso que Rosalía no era alguien muy aficionada a salir de copas por las noches. Cuando salía, su objetivo principal era asistir a conciertos. Entre el 2014 y el 2016, ella y Troquel acudieron a un sinfín de actuaciones de los más variados estilos musicales, lo que da una idea de los conocimientos sobre el directo que la cantante fue metiendo en su mochila.

"Me acuerdo especialmente de lo muchísimo que le gustó el veterano *soulman* Lee Fields, que vimos en verano del 2015 en la entonces llamada Sala BARTS –cuenta el periodista–. Allí también fuimos a ver una vez a Frank Diago, un joven cantaor gitano de prodigiosos agudos con el que ella había trabajado anteriormente y que tuvo un momento de éxito pop bastante espectacular".

"Flamencos vimos muchos –prosigue–. En el Apolo, en una ocasión a Chiquetete, Rancapino y Manuel de Angustias. En otra a la mítica Lole Montoya, su hermana Angelita y su hija Alba Molina, que iba con un guitarrista que a Rosalía le gustó mucho y hasta se planteó proponerle trabajar juntos. Se llama Joselito Acedo. También vimos a Tomasito. Y no consigo recordar quién actuaba una noche en que fuimos a un tablao ya desaparecido, cerca de la Sagrada Família, llamado Casa Camarón. En el Cordobés vimos a Arcángel en uno de los conciertos que grabó para su disco *Tablao*. Y en otra ocasión estuvimos con La Chana en un acto que el mismo Cordobés organizó en el Foyer del Liceu".

Este tablao de la Rambla ha sido un lugar recurrente para la Rosalía aficionada, al igual que el Tablao de Carmen en el Poble Espanyol, hasta el que arrastraba a sus padres de más pequeña, para ir a ver actuar a ese o a aquél cantaor. Su devoción por lo que tenía lugar en los tablaos era real. En el 2010 asistió a la celebración de los 40 años del Cordobés, pero nunca osó pedir actuar allí. "Nuestra línea es muy tradicional –explica la directora de la sala, María Rosa

Pérez Casares–. Quien ha trabajado mucho con nosotros durante muchos años es su maestro, Chiqui de La Línea, un cantaor de corte tradicional con mucho conocimiento del cante. Pero a Rosalía nosotros la hemos conocido como aficionada que venía con regularidad a buscar el flamenco bueno. Ella era muy admiradora de El Yiyo, un bailaor joven, de Badalona".

En una ocasión, siendo ya famosa, Rosalía llegó a subirse a este escenario. Hay un vídeo muy simpático de ella cantando por bulerías con todo el cuadro, y a su lado, la cantaora jerezana conocida como La Fabi. Los artistas la invitaron a subir y ella se apuntó. "Aquello –cuenta Casares– fue muy natural, muy espontáneo y muy generoso de su parte, porque la gente famosa tiende a no exponerse. Pero a Rosalía no le cuesta compartir ni le importa mostrarse. Lo hace en cada disco, que eso sí que es experimentación en letras mayúsculas. Cada álbum es un cambio de registro brutal, y con todo un trabajo previo largo y profundo. En Barcelona hay mucha tendencia a la fusión, desde luego. Eso es un ADN de la ciudad. La gente joven a la que le gusta el flamenco es gente que también suele experimentar y conocer otras músicas".

¿Es eso una buena noticia para un tablao tradicional y hasta purista como El Cordobés? Un tablao que no usa ni cajón siquiera: en un lugar reducido se come todo el sonido, lo machaca todo y se carga el espectáculo. "Por supuesto que es una buena noticia –concluye la directora–. Nosotros apoyamos completamente iniciativas serias como la de Rosalía. A ver, que no venga nadie a decir que es flamenco cualquier mamarrachada. Pero que haya gente que, partiendo de un conocimiento serio del flamenco, experimente con otras músicas nos parece muy positivo. Igual que hace C. Tangana. Eso despierta la curiosidad entre la gente joven, hace que se interesen por el flamenco. Es estupendo".

De entre la variada agenda de conciertos a los que acudían juntos Rosalía y Troquel, hay uno al que, según recuerda el periodista, la cantante acudió con mucha ilusión: el de James Blake, un artista con el que luego ha colaborado. También estuvo a punto de apuntarse al de Daddy Yankee, que le encantaba, pero al final no pudo ir. "En el Festival Jardins de Pedralbes vimos al hoy bastante olvidado John Newman en el momento de su gran hit *Love me again*, una canción, por cierto, que cuando llegue el revival de esa década escucharemos en todas partes. Y como a mí me chifla pasar a saludar en los camerinos, varias veces entramos juntos después del concierto: recuerdo que Rosalía y yo fuimos a saludar a Luz Casal en el Liceu, o a Diana Navarro en

Rosalía, por ahí por Barcelona...

L'Auditori, un recinto [contiguo a la Esmuc] por el que ella guarda especial cariño".

En aquel tiempo, Rosalía parecía tener claro que su camino iba a ser el flamenco. Le encantaban las músicas muy gitanas. A Troquel le regaló un disco doble de Los Chunguitos en el que estaba la canción *Me quedo contigo*, que con el tiempo , como ya se ha explicado, tendría un protagonismo en la carrera de Rosalía. El disco lo adquirió en una tienda de compraventa que había en la calle Rosselló con Enric Granados, que ya cerró. Pero también le gustaba el pop. Le encantaban Beyoncé y Rihana. Y la música clásica, aunque no llegaron a ir a conciertos juntos. Lo que sí recuerda Troquel –que además es autor de media letra del tema *Bagdad* de *El mal querer*– es haber ido al In-Èdit Festival, a ver un documental sobre Kate Bush. La madre de Rosalía era muy fan de la autora del tema *Wuthering Heights*.

Mientras se mantenía al día de todo lo que sucedía en la ciudad, Rosalía actualizaba una web donde dejaba constancia de sus actuaciones, muchas de las cuales aún tenían lugar en pequeñas salas. Una de esas salas del Raval, La Rouge, está en el origen de su colaboración con Pablo Díaz-Reixa *El Guincho*, el productor que daría forma junto a ella a *El mal Querer* y que estaría detrás de algunos temas de *Motomami*.

El gestor cultural Augustin de Beaucé, vinculado al ámbito del flamenco en Barcelona y que forma parte de la dirección del Tablao de Carmen, tenía en mente ir a ver a Rosalía, pero las dos primeras veces que lo intentó, diluviaba. A la tercera fue la vencida. Acudió con su novia de la época a La Rouge Raval, frente a la escultura del *Gato* de Botero, un local pequeño, pero con rincones, distintos ambientes, luces rojas y un escenario donde los artistas incipientes podían medir sus fuerzas. La programación no era regular. Tampoco el público.

"Éramos media docena de personas en la sala pero había muy buen ambiente. Nosotros preferimos mantenernos atrás, un poco apartados. Muy pegadas había cuatro chicas superexcitadas de verla. Rosalía apareció vestida de negro, sencilla, acompañada de un guitarrista. Fue impresionante. A mi novia y a mí nos encantó. Se notaba enseguida que era una artista muy especial... con aquel poderío escénico. Durante la pausa, fui a hablar con ella... y me impactó lo simpática y natural que era y, sobre todo, su presencia. Rosalía tenía un imán increíble. Desde ese día estuvimos en contacto y un día me invitó a verla actuar con Raül Refree, el 19 febrero del 2016, en la mismísima Universitat de Barcelona".

De Beaucé acudió con Mimo Agüero, la directora del Tablao de Carmen, a aquel concierto que era parte del ciclo universitario *Els vespres d'hivern*. El álbum *Los ángeles* todavía no había salido. De Beaucé decidió invitar a Rosalía a incorporarse a uno de los pases regulares del tablao situado en el Poble Espanyol de Montjuïc. Pero encontró resistencia entre algunos artistas que son, periódicamente, parte del cuadro flamenco que sube a ese escenario. No lo vieron con buenos ojos. Algunos flamencos, en su mayoría de raíz gitana, no querían que alguien que no estuviera en su liga profesional se añadiera a su espectáculo, ni siquiera para ponerse al compás, esto es, a las palmas.

Pocas fechas después, en marzo, De Beaucé invitó a Rosalía a ver bailar a El Yiyo en el Tablao Cordobés. Agüero se sumó a la cena posterior, en La Fonda. Allí se conocieron ambas. Hablaron, y la responsable del Tablao de Carmen le dijo enseguida que la quería cantando en su local. Sería una actuación en solitario, con alguien más al toque. Lo cuenta la directora en su local, compartiendo un plato de jamón, quizás en la misma mesa en la que de joven Rosalía se había sentado años atrás con sus padres. Esta noche le toca bailar a El Chino, el pequeño de la saga de los yiyos. A la autora de *Lux* le encantaría, seguro.

"Yo la anunciaba como una artista de honor porque, aunque era joven y no había grabado aún su primer disco, ya se hablaba de ella en los festivales y en las cosas que organizaba el Taller de Músics –explica Mimo Agüero, responsable de la programación–. No era famosa, pero en los círculos musicales ya se la mencionaba, y en el JazzSí Club se la presentaba como alguien que iba a despuntar. Era una voz especial que tenía el apoyo de la afición en Barcelona. Para mí era un gran evento que viniera".

Rosalía cantó oficialmente contratada en este escenario el 14 de mayo de aquel 2016. La acompañaba el guitarrista Alfredo Lagos, con el que el año anterior había actuado de telonera de Miguel Poveda en el Festival Internacional de Música de Cadaqués. Llegado el fin de fiesta, como es tradicional en este tablao, se sumaron el resto de artistas, entre los cuales Manuel Jiménez y el propio Yiyo a las palmas. Las entradas físicas que no llegaron a venderse se conservan todavía en el local del Poble Espanyol, tal vez a la espera de enmarcarse algún día. Para que el público en general y los turistas en particular puedan hacerse selfies con esa Rosalía en blanco y negro, repeinada, con la raya en medio, sus uñas de gel y su rostro aniñado.

Ese día de mayo, quien sí se aseguró de comprar una entrada en el Tablao de Carmen fue El Guincho. El productor y compositor canario afincado en Barcelona le venía siguiendo la pista a Rosalía. No hay que olvidar que ella ya había conocido a C. Tangana y que el rapero madrileño la quería incorporar en un tema que estaba produciendo con Alizz: *Antes de morirme*, la canción con la que triunfarían juntos. Se hablaba de ella en el mundillo de la música urbana. De manera que El Guincho supo de ella y se reservó aquella noche para ir a verla al tablao en el Poble Espanyol. Quedó fascinado. A las pocas horas ya la contactaba por redes a través de un mensaje directo. Y lo siguiente es que pasaron año y medio trabajando juntos en *El mal querer*, en el que también colaboró C. Tangana. Lo grabaron, en parte, en el estudio improvisado de El Guincho en Barcelona. Con ordenador, micrófono e interfaz de sonido. Muchas de las pistas y voces se hicieron en el lugar de trabajo del productor. También en Barcelona utilizaron los Lo-Fi Studios. Y viajaron a la isla del Hierro, en las Canarias, para completar algunas partes del disco en Casa Arte.

El Guincho diría luego que Rosalía le había abierto la mente a un mundo tan increíble como el flamenco. Y que él, por su parte, le había mostrado músicas y técnicas que, pensaba, tendrían una traducción interesante dentro de ese universo que ella quería crear. Lo que está claro es que el trap anglosajón había entrado bien en Barcelona y que ya había hecho mella en Rosalía. La artista se hizo amiga de los granadinos Yung Beef y Khaled, del colectivo PXXR GVNG, pioneros del trap en España, que en aquel momento estaban consolidando esa escena. Al final, en su pueblo del Baix Llobregat, la misma gente que escuchaba Camarón, escuchaba reguetón y este trap.

Rosalía, por ahí por Barcelona...

Tú sí que vales...
en el Baix Llobregat

Quien más quien menos conoce la anécdota de Rosalía haciendo novillos en su instituto del Baix Llobregat para presentarse, por su cuenta y riesgo, a un *talent show* televisivo. Tenía 15 años, estaba estudiando 4.º de ESO en Sant Esteve Sesrovires, una localidad de 8.000 habitantes situada a 40 km de Barcelona, bien conectada por Ferrocarrils Catalans y Renfe, que, como se ha dicho, tiene además un importante peso en la industria manufacturera catalana (ahí tiene su sede desde el 2009 la compañía Chupa Chups). Eso y la proximidad a la factoría de Seat en Martorell hace que en el municipio abunden los polígonos industriales.

A Rosalía no le hizo falta salir de la comarca para participar en el concurso de talentos. Se acercó a los estudios de Gestmusic en Sant Just Desvern, en la calle Indústria, donde se grababa el programa *Tú sí que vales*, se inscribió y salió al plató con la guitarra. Escogió para cantar *Como en un mar eterno*, de Hanna, una balada aflamencada que era parte de la banda sonora de *Yo soy la Juani*, la película de Bigas Luna que había dado tanto que hablar dos años antes.

Del jurado, formado por la directora de casting de Gestmusic, Noemí Galera; el actor y showman Àngel Llàcer, y el periodista Xavier Sardà, solo este último tuvo para ella un comentario estimulante, cuando la invitó a que sacara más carácter y más voz, "¡ahora mismo!". La directora de casting, por su parte, le aseguró que no había escogido el mejor tema para cantar allí. El *estilo Juani* no era lo más requerido en aquellos platós. Así que Rosalía sorprendió a todos cantando un tema de rhythm and blues. Pero al pedirle que se moviera y bailara a la vez, no pudo evitar desafinar un poco. "Tienes mucho potencial pero todavía no sabes sacarlo", le dijo Llàcer. No la seleccionaron.

La adolescente que aspiraba a ser artista ya se ponía a prueba. Llevaba estudiando música desde los 9 años. Tocaba la guitarra. Pero, tal como explica la Rosalía de ahora, aquel rechazo le sirvió para darse cuenta de que había que estudiar mucho, que había que ir a clases de canto, estudiar composición, armonía, piano... Y agradece haber tenido la valentía de presentarse y atreverse con algo que no sabía hacer. Porque no venía de una familia vinculada a la música o a la televisión; a parte del buen bagaje cultural que le aportó su entorno familiar, nada de lo que había vivido en casa era una invitación a subirse a un escenario.

Lo que son las cosas: al cabo de los años, en el 2019, Rosalía saldría en defensa de Maruja Garrido cuando a esta famosa rumbera, barcelonesa de adopción y viuda del fundador de Los Tarantos/Jamboree, le dio por presentarse a *La Voz Sénior*. La legendaria flamenca de la escena gitana interpretó su conocida versión de *El bardo*, una canción que le regaló Antonio Machín cuando la descubrió actuando en la plaza Reial y pensó, de ella, que era una verdadera "gallina de los huevos de oro". El jurado del programa, puesto de espaldas, no reconoció la voz de Garrido, que tenía 76 años. Ningún *coach* se dio la vuelta ante su arte, no la consideraron. "Pero Rosalía me los puso de vuelta y media. Lamentó que no me hubieran reconocido cantando", comenta por teléfono desde su casa de Barcelona.

"Rosalía y yo nos conocimos en el programa *Toni Rovira y tú* –añade en tono entusiasta–. Ella me vio actuar, y yo la vi a ella. La Rosalía es muy buena artista. 'Tienes muy buen porvenir', le dije yo. 'No tengas novio; céntrate en tu trabajo, porque vales mucho. Olvídate de los novios, hija, que yo cuando salía al tablao no me acordaba ni de mi marido, ni de mis hermanos, ni de mis padres. Me metía en mi personaje y no me acordaba de nadie. Porque para poder transmitir tienes que estar metida ahí, penetrarte'".

A Maruja Garrido, su padre, El Niño de Levante, le contaba que había cantado para Carmen Amaya en el rodaje de *María de la O*, en 1936. Garrido llegó a Barcelona en 1964 con contrato de trabajo en Los Tarantos. Ella entonces era solo bailaora; la cantaora era su hermana. Hasta que un día se arrancó y salió la artista total. Conoció de cerca a El Pescaílla y a Lola Flores, y a todos los artistas que trajo consigo la marea de la rumba catalana. "Yo creo que Barcelona debería dedicarle una calle a la rumba catalana. Porque es que esos gitanos catalanes mueven las piedras con la rumba. Son fieras. Yo les digo '¡Monstruos!'".

La comarca del Baix Llobregat en que se crió Rosalía es también la que vio nacer –y aún hoy mantienen allí su residencia– a los Estopa. Los hermanos David y José Manuel Muñoz, originales de Cornellà, han tomado el relevo de varias generaciones de rumberos catalanes. Después del Pescaílla, Peret y Gato Pérez, llegaron Los Manolos, que popularizaron el género tras los Juegos Olímpicos de 1992 al igual que Sabor de Gràcia, Chipén o Ai Ai Ai. Más cercano al rumba-rock y al pop, el dúo Estopa ha sido fundamental en la proyección masiva del estilo.

Rosalía, por ahí por Barcelona...

El propio Chicuelo, que se debe más al flamenco, se crió también en Cornellà de Llobregat, en un ambiente atravesado por la rumba. El guitarrista, ganador de un Goya, es otro de los músicos destacados que ha dado esta comarca del cinturón metropolitano. La lista es larga, comenzando por La Banda Trapera del Río, el grupo de punk crudo y provocador que en la actualidad está considerado de culto. Irrumpieron en la transición, en un entorno obrero e industrial, y se convirtieron en pioneros del punk en España.

Otros pioneros, en este caso del tecno-pop español, son los OBK, que surgen de Sant Feliu de Llobregat, al igual que el cantautor Joan Dausà. Entre los destacados integrantes de este club musical del Baix Llobregat, figuran también Ferran Palau (Esparreguera); el grupo Love of Lesbian, que lidera Santi Balmes (Sant Andreu de la Barca); el de hip hop 7 Notas 7 Colores (El Prat); el rapero Mucho Muchacho, también ligado al Baix; el proyecto de pop-rock Trau (Sant Boi); el dj Joe Crepúsculo (Sant Joan Despí); el productor y artista Alizzz, un referente del urban que, como apuntábamos más arriba, ha colaborado con C. Tangana y Rosalía (Castelldefels) y, en fin, las televisivas Chanel (la catalano-cubana criada en Olesa de Montserrat compitió en Eurovisión) y Aitana, la cantante de Sant Climent que saltó a la fama con *Operación Triunfo* y está desarrollando una carrera internacional con su pop contemporáneo.

Sin olvidar a la nueva generación que representa Pol Trigo, exalumno de canto de Rosalía, también del Baix Llobregat. El chaval tenía 15 años cuando contactó con la entonces estudiante de la Esmuc para recibir clases. Su profesor de música le habló de una chica muy especial que cantaba flamenco. La buscó en Facebook y, cuando vio que actuaba en una asociación cultural del Raval, convenció a su padres para que fueran con él a oírla cantar. Le fascinó tanto la actuación que, a continuación, engañó a una amiga para que le acompañara al siguiente concierto de Rosalía. Este iba a celebrarse en el atmosférico Bar Pastís, donde se suele cantar, en un ambiente muy íntimo, chanson française, tango y flamenco.

Fueron allí. El chico esperó a que acabara la actuación y le preguntó si podría recibir de ella clases de canto. En aquel momento, Rosalía estaba buscando piso en Barcelona. Quedaron que le avisaría cuando lo tuviera. Y así fue. Ya instalada, se convirtió en su profesora. El chaval estuvo yendo durante tres años, una vez por semana, al Bogatell, en Poblenou, donde la artista alquiló un pequeño loft. Hasta que Rosalía tuvo que dejar de dar aquellas clases. Un día canceló a última hora la lección. ¿El motivo? C. Tangana le había lla-

Rosalía, por ahí por Barcelona...

mado pidiéndole que se uniera a él de manera espontánea aquella noche en el Primavera Sound, donde tenía previsto actuar en el escenario Adidas del parque del Fòrum.

Eso era el 3 de junio del 2016. Faltaban cuatro semanas para el lanzamiento de *Antes de morirme*, la canción del madrileño, a dúo con Rosalía. Aquella velada en el Primavera Sound suponía la primera aparición pública de la pareja creativa y –en aquel entonces– también sentimental. Y también significaba la avanzadilla de este éxito que sería un *sleeper hit*, pues si bien escaló la lista de éxitos hasta el n.º 26, no fue hasta el 2018 cuando se plantó, durante cuarenta semanas, entre las canciones más escuchadas en España, en parte por su aparición en la banda sonora de la serie *Élite* de Netflix.

Rosalía comenzaba a emprender el vuelo como artista. Llegó un momento en que, ocupada como estaba con la gira de *Los ángeles* y la publicación de *El mal querer,* tuvo que dejar de impartir clases privadas. Pero no se olvidó de Pol, pues le recomendó la que era su propia profesora de técnica lírica, la mezzosoprano Dolors Cortés.

Imaginería flamenca poligonera

Los *garitos* que hemos recorrido en el capítulo anterior son parte de la educación musical de Rosalía. Son los escenarios barceloneses en los que ha ido afinando sus gustos y su voz como cantante y música. Pero en el éxito de Rosalía no solo ha influido la parte musical: también la imagen ha servido para definir el tipo de artista que es. Su concepto visual en los vídeos musicales ha sido clave para el diseño de su carrera. El mérito también se ha basado en su capacidad de lograr que se visualice su música.

"Eso es algo que se ha podido constatar, de nuevo, en sus últimos temas. Rosalía sabe que para llegar a su público, un público *motomamiero*, ha de entrar por los ojos; de lo contrario, nadie escucha más de unos segundos, no eres nadie". La consideración la hace, de nuevo, el periodista y crítico Esteban Linés, que es una fuente de conocimiento sobre la obra de esta artista. Cuando el diario *The Guardian* habla del fenómeno Rosalía y de *Berghain*, hace hincapié en que ella aparece de pronto planchando en casa, rodeada de la orquesta. Entra con una imagen que vale más que mil palabras y que mil acordes, en su caso. Vuelve a casa y se pone a planchar. Es el choque con la realidad. Lo ha resumido de forma brutal. Y la gente se acuerda de esa imagen y su narrativa, añade Linés.

La cantante ha sabido a quién acudir para materializar su complejo mundo en imágenes. Su inconfundible sello visual nace con el tema *Malamente*. El videoclip lo firma la singular productora barcelonesa Canada, que ha trabajado con artistas como Dua Lipa, Tame Impala o Phoenix. Está rodado, junto con *Pienso en tu mirá*, en polígonos de Barcelona, Badalona, l'Hospitalet y Barberà del Vallès. Y con una estética arriesgada, llena de simbolismos. Es una mezcla original de lo tradicional y lo moderno. Esto es, el augurio, el presagio, recreado en un lugar científico y frío como un parque industrial: hay chandals y reliquias; penitentes en monopatines de espinas; Rosalía montada en una moto, cual toro ante la capa y el estoque... La muerte, la desgracia, atraviesa la Semana Santa, la tauromaquia y la iconografía religiosa. Y todo ello con un ritmo narrativo que refuerza la sensación de universo propio.

Rosalía, por ahí por Barcelona...

Nicolás Méndez, el director de los videoclips de *Mala-mente* y *Pienso en tu mirá*, aseguraba en su día que la tauro-maquia y la estrecha relación entre toro y torero sirve aquí de metáfora de las relaciones tóxicas de las que habla el ál-bum. Este es el asunto que trata la novela occitana *Flamen-ca* en la que se inspira Rosalía: la construcción del amor cortés, los celos, la posesión y la secularización del amor. A ella le descubrió este libro el artista y gurú intelectual Pedro G. Romero, que ha trabajado con heterodoxos como el Niño de Elche o Israel Galván. La coincidencia del título –que ha-bla de una mujer de Flandes– con el flamenco le hizo "esta-llar la cabeza" a Rosalía. Eso, junto con la temática de una esposa encarcelada por su marido, la impulsó a explorar la obra como fundamento para su trabajo de fin de carrera.

Rosalía convierte este imaginario en algo cercano: ese mundo marginal que en el Baix Llobregat tiene al lado de casa. Conoce bien el ambiente de los polígonos. Los ha frecuentado en persona y, al mismo tiempo, sabe que la cultura se ha ocupado de ellos desde su aproximación a la marginalidad. Solo un ejemplo: recuérdese la exposición que le dedicó el CCCB (Centre de Cultura Contemporània de Barcelona) a los quinquis de los años ochenta. La artista tampoco es ajena, como ya hemos apuntado, a la imagine-ría del flamenco y la cultura popular española. A ella todo lo folklórico le ha gustado mucho desde siempre: le encantaba ver con su abuela las películas del programa *Cine de Barrio* en las que aparecían artistas como Marisol o Lola Flores.

Su actitud performativa va unos pasos por delante de predecesoras suyas en el reinado del pop mundial, como Madonna o Lady Gaga. Su planteamiento visual no se queda a las puertas del impacto teatral ni de las performances mediáticas diseñadas para emocionar o sorprender, sino que explora en sus propias carnes los códigos y significados de la cultura. En *Malamente* –y en general en *El mal querer*– lo lleva a cabo a través de la gestualidad flamenca y del folklore andaluz. El poderío.

Beatriz del Pozo, que además de pianista clásica y experta en flamenco, es profesora de baile en el Centre Cívic de la Barceloneta, hizo muy felices a sus alumnas cuando les propuso inspirarse en aspectos del vídeo de *Malamente* para armar una coreografía de fin de curso, vestidas todas muy chulescas, con uñas de mentira. "El flamenco lo que tiene es algo muy energético –dice ante una taza de chocolate caliente servido en el patio interior de la Casa Amatller–; un juego de fuerzas de contención y expulsión. Es un contener/expandir, con líneas exageradas, cierres extremos, contundencia, categoría, saber estar, la personalidad corporal, la expresividad individual, el poderío... El *poderío* es una palabra española que no tiene traducción. Vendría a ser lo que Nietzsche diría *Der Wille zur Macht*, la voluntad de poder".

Su análisis de la pieza no tiene desperdicio. Tanto en lo musical como en las referencias a la cultura española que encierra la canción.

"Ese cristalito roto... ya sabía que se rompía...". Ese inicio de *Malamente* es el destino de Carmen ("Siempre pensé que me matarías... Una liebre atravesó el camino... ¡Está escrito!").

Le sigue un thriller cinematográfico ("Está parpadeando / La luz del descansillo...") y la imagen del aprendiz de torero frente a la mujer-toro (en moto) en el momento del pase, lo que evoca los versos de Lorca sobre la cornada fatal a Ignacio Sánchez Mejías ("Pero las madres terribles / levantaron la cabeza").

Las amigas empoderadas invaden el espacio masculino que es la cabina del camión. La mujer es madre, cuidadora, ángel, musa, amante, mujer en crisis ("Sueño que estoy andando...") y víctima. Su cuerpo lo recoge el elevador de cajas.

Y hay superstición religiosa ("En mi piel los corales / Me protejan, me guarden...") y mal fario gitano ("Se ha puesto la noche rara...").

En lo musical, ese trap pop con electrónica y flamenco, empieza instaurando el ritmo con las palmas. Palmas que provienen de la bulería pasada al tango. La armonía recurre a la cadencia andaluza de acordes (la, sol, fa, mi) y la voz entra en cada frase después del tiempo fuerte. Y luego están los contratiempos sueltos ("Sí, sí"; "Tra tra"; sonido del cristal roto; "¿Qué?"; "Quillo", etcétera). "En general −concluye Del Pozo−, hay un minimalismo como en Manuel de Falla.

Y añade una reflexión: "No es casual que fuera Alicia de Larrocha la intérprete preferida de Mozart en Estados Unidos. Ella venía de interpretar la música española de Falla y Albéniz. Su Mozart era muy rítmico y brillante, además de cristalino y dulce. Como si estuviera más vivo que otros Mozarts", concluye la pianista y bailaora, ahondando en las claves de la atracción del poderío de Rosalía en el mundo.

Rosalía, por ahí por Barcelona...

Del Primavera Sound al Sónar: la Barcelona que ama a Rosalía

En cuestión de tres años –del 2017 al 2020–, todo se precipitó: Rosalía pasó de artista emergente a estrella del pop. Un año, el 2017, debutaba en el Primavera Sound cantando flamenco puro en el Auditori del Fòrum con Raül Refree. Al siguiente le abría las puertas el Sónar para que presentara *El mal querer* en clave escénica y conceptual. Y eso que el álbum no iba a ver la luz hasta noviembre.

Ella misma diseñó la estrategia. El 30 de mayo del 2018 sacaba el primer sencillo, *Malamente*, por su cuenta y riesgo. Y a los quince días la artista irrumpía en el Sónar anunciado su cambio de registro estilístico. El paso de artista indie a figura de la música urbana estaba dado. Lo de sus apariciones con C. Tangana no había sido solo una pose: el trap también corría por las venas aflamencadas de Rosalía, y sobre él se deslizaban unas letras que hablaban de un amor oscuro y un mal presagio. Las redes bullían. "La Rosalía" se hizo viral. Sony Music la llamaba, la quería fichar. La quería aun sin haber escuchado el disco, que es como se maneja ahora la industria, persiguiendo a los artistas por sus abultadas cifras de *followers*. La multinacional quería lanzar el álbum a gran escala...

De todas formas, nada de eso era tangible todavía cuando Rosalía llamó a la puerta del Sónar, acompañada de su madre y de su equipo. "Nosotros la conocíamos por su colaboración con C. Tangana. Y ella tenía interés en que este fuera el lugar donde hacer esta presentación. Vio la afinidad del festival con su nuevo discurso musical y artístico, que, además, quería trasladar a lo escénico. Empezamos a trabajar juntos en nuestras oficinas de la calle Zamora, viendo qué era lo que ella quería hacer y lo que nosotros veíamos que era posible. Tenía que haber una moto en el escenario, una moto que se pondría en marcha; tenía que haber un cuerpo de baile, un músico... Se reunió con nuestros responsables técnicos para ver los límites, pues no sería la única artista en actuar en el Sónar Hall: habría tres más aquella misma jornada.".

Lo explica Enric Palau, cofundador de este festival. Ha sido el proyecto de su vida hasta ahora, cuando justo acaba

Rosalía, por ahí por Barcelona...

de despedirse, después de tres décadas marcando el paso internacional de la electrónica y la música avanzada desde este enclave mediterráneo. Tras la controversia que generó en el 2025 la noticia de que la empresa propietaria del Sónar había sido adquirida por el fondo de inversión KKR, con vínculos económicos con Israel, los socios fundadores dieron por acabada la etapa. La dirección del festival ha cambiado de manos. Está por ver cómo evoluciona un proyecto que fue decisivo para que Barcelona fuera conocida como una ciudad emprendedora en lo musical.

"Rosalía tenía clarísimo lo que quería hacer –recuerda Palau–. Se había rodeado de un equipo de gente muy cercana: había una persona encargada de la parte visual y tenía junto a ella a su madre, que ha acabado siendo su mánager, y a su hermana, que es quien la acompaña en su carrera. Pero estaba muy encima de todo el proyecto: la iniciativa en las decisiones artísticas era suya. Nosotros vimos su potencial. Actuaría en el Sónar Hall, que es un escenario interior, con juego de cortinajes rojos, perfecto para lo escénico, y con capacidad para tres mil personas. Podía ser arriesgado, pero, a final, fue una decisión acertada por ambas partes. Es lo que veníamos haciendo en el Sónar: ayudar a crecer a artistas incipientes y a otros que, como ella, buscaban la consolidación. A menudo los programábamos en espacios del Sónar de Día, como ese Hall, para posteriormente dar el salto al Sónar de Noche. Este ha sido el caso de Bad Gyal, por ejemplo, como lo había sido antes el de C. Tangana".

El Sónar acompañó a la artista en un momento en que su popularidad iba al alza. Entre los mánagers y los agentes cundió la sensación de que aquél era un concierto que no debían perderse. Y así fue. Acabada la actuación, todo el mundo quería contactar con Rosalía. Ella todavía no tenía una agencia de contratación y *management*, por lo que hubo aproximaciones por múltiples vías. De hecho, las conversaciones con Sony estaban ya muy avanzadas. Firmaría con ellos en septiembre.

Aquella presentación en el Sónar fue la confirmación de la calidad y el potencial de Rosalía. "Muy original", "muy interesante". La fue a ver hasta Ryuichi Sakamoto, que moriría un lustro más tarde y que era un habitual del Sónar y de Barcelona. Lo que se estaba gestando con Rosalía era lo mejor que podía pasarle a un festival barcelonés. La comunión que la artista encontró allí, de manera natural, con el público local traspasó rápidamente las fronteras. La gente del sector y la industria que cada año visita el Sónar, procedente de todo el mundo, se quedó aquel día en estado de shock. ¿Quién es esa artista? ¿Es que hay en Barcelona una escena musical con el estilo de Rosalía? ¿Hay más artistas como ella?

Rosalía, por ahí por Barcelona...

"El sector quería ver allí un filón –prosigue el cofundador del Sónar– pero, para bien o para mal, Rosalía es una artista única, una entre un millón. Alguien que elabora un discurso propio, que se marca retos de gran nivel y los alcanza. Por eso no estoy a favor de crear una expectativa del tipo de que, porque Rosalía es vecina nuestra, de repente se va a generar un movimiento a su alrededor y saldrán quince Rosalías. Lo bueno sería que salieran quince artistas, no con el sonido de Rosalía, sino con un discurso tan propio como el que ella ha sido capaz de generar".

Pero, al menos, este fenómeno ha demostrado que el hecho de nacer por estos lares no es un impedimento para triunfar, añade Palau. Lo cual –subraya– no deja de ser noticia, teniendo en cuenta que no es este el lugar más propicio para que irrumpa una artista como ella. "En este país –advierte– el nivel de consumo cultural es, en general, mucho más bajo que en otros. En Inglaterra o Francia es mucho mayor. Hemos sido el país más pirata de Europa, en la época de la piratería. Y, a pesar de eso, Rosalía ha conseguido hacer el trabajo que hace y llegar donde ha llegado".

Es de destacar que la autora de *Lux* y de *Motomami* haya llegado a estas cotas de popularidad siendo una artista que experimenta muchísimo. Rosalía crea sin hacer ningún tipo de concesiones destinadas a ampliar su base de seguidores. Y aún así, agotó en solo unas horas todas las entradas de su gira del 2026. Porque, aparte de sus raíces catalanas y de la conexión única que tiene con Barcelona, y al margen de ser genuinamente mediterránea sin pretender ser otra cosa, Rosalía comparte códigos con gente de todas las latitudes. Las redes sociales han colaborado en este impacto universal de la artista. "La conexión intrínseca con el flamenco y lo latino le viene a Rosalía por el entorno en el que se ha criado. Pero, además, ella tiene la capacidad de procesar rápidamente. Y ese es otro de los secretos de su éxito", concluye Palau.

Y procesa también cuando se trata de su casa, de sus gentes. En el 2019, en el aeropuerto de Sevilla, volviendo de cantar en la ceremonia de los Goya con el Cor Jove del Orfeó Català, Rosalía comenzó a escribir la que sería su primera canción en catalán. Una rumba catalana con una letra irónica y lúdica sobre su deseo de convertirse en millonaria (y lo convencida que estaba de lograrlo). Lo lanzó con un aviso previo en redes, cosa que disparó las publicaciones en prensa. Había que anticiparse aunque fueran solo doce horas. Era parte del EP de dos pistas *Fucking Money Man*, y su mensaje quedaba compensado por *Dios nos libre del dinero*, la segunda canción.

Rosalía, por ahí por Barcelona...

El hecho de que en *Milionària* sueñe con que le cierran el Louvre o el Macba para ella sola se leyó, en parte, como una metáfora de un estilo de vida aspiracional ligado a la identidad urbana y cultural de Barcelona. La ciudad se sintió reivindicada. Y funcionó muy bien en las listas de éxitos, arrasaba. Aquel tema sería su tercer n.º 1 consecutivo en España con El Guincho (después de *Con altura*, junto al colombiano J Balvin, y *Aute cuture*). También fue elogiada por la prensa internacional, que destacó que cantara en su lengua materna. "Rosalía nada en dinero y canta en catalán", titulaba *Rolling Stone*, lo cual era sinónimo de no tener miedo a correr riesgos. Que fuera una rumba, la devolvía a "su marca sui generis de flamenco posmoderno", decía el medio también estadounidense *Pitchfork*.

La cantante acababa de hacer su segunda aparición en el Primavera Sound, esta vez como artista destacada. Venía de actuar en el festival Coachella, en California, y de girar por Latinoamérica; venía de estrenar *Dolor y gloria* con Pedro Almodóvar, que era su debut en el cine; venía de lanzar una nueva colección de Pull&Bear, mostrando su interés por introducirse en la moda; venía de encerrarse en el estudio con Billie Eilish esbozando una creación conjunta, un encuentro que la hacía sentir "menos sola" como artista, dijo, pues se reconocía en la determinación de la autora de

Bad Guy, en su manera de poner el alma al cantar... Rosalía regresaba a Barcelona para su actuación en el festival del Fòrum convertida en una artista con gran proyección mediática, con un *El mal querer* que había llegado por tierra, mar y aire.

Barcelona escuchaba aquel directo por primera vez. La prensa local e internacional que se reunió con ella en el Primavera Sound quería conocer el significado de aquellas uñas tan largas y tan decoradas; quería saber si convertirse en fenómeno global que iba más allá de la música respondía a una estrategia planificada, o si su música había cambiado tanto desde el primer álbum por razones de la industria discográfica, una idea que a ella le parecía injusta. "Mi sonido siempre ha sido cambiante y ojalá que pueda seguir siendo así", dijo. "Tampoco pretendo que entendáis aquí y ahora quién soy. Con el tiempo todo se entenderá más. Este oficio lo hago siempre de acuerdo con mis principios".

Su siguiente aparición en el Fòrum, cuatro años más tarde, sería ya como cabeza de cartel, con el reguetonero *Motomami*. Aunque, en realidad, la presentación barcelonesa ya había tenido lugar en el 2022, en el Palau Sant Jordi, como parte de su propia gira. Un tour innovador con 46 fechas. Al final, tuvo que añadir más shows en Barcelona, Madrid, Nueva York, Los Ángeles y Ciudad de México. Nadie en el mundo quería perderse aquellos conciertos que redefinían el pop latino metiendo en la coctelera el hip-hop, el reguetón y los estilos tradicionales. Lo que se llama un *all-in*.

Sin llegar a los extremos de otras ciudades, Rosalía despierta en Barcelona un genuino fenómeno fan. Ella siempre pone de su parte, compartiendo experiencias y recomendando locales gastronómicos en redes, o incluso colgando vídeos haciendo una tortilla de patatas "como la hacemos aquí en el Baix Llobregat". Todo ello mantiene vivo su vínculo barcelonés. Cada vez que la cantante pone el pie en un restaurante, el lugar aparece en listados de lugares que han pasado a ser *in*. En ocasiones se hace la pertinente selfie con los restauradores. O directamente recomienda un plato inolvidable, como las tortillas de El Pollo, en el Raval, o las tapas de La Panxa del Bisbe o el Bar del Pla.

A Rosalía le gustan el Shunka, el Estimar... y se la ve por la histórica taberna del Gòtic Bodega La Palma, o por el Bar Bocata de tapas. En el Eixample, acude al Malparit, en la calle Còrsega. Y se la ha visto en el Xemei, que es uno de sus favoritos. Una colla castellera de niñas, las Bandarres,

• Mural en la plaza Joanic de Barcelona, obra de TV Boy dedicado a 'Santa Rosalía', el día 10 diciembre del 2025. | ANA JIMÉNEZ / ALVG

la reconocieron en este restaurante veneciano de Montjuïc y la abrazaron y se hicieron fotos montadas unas a hombros de las otras. El encuentro lo recogieron los medios locales.

La presencia de la artista toma a veces formas insospechadas. La plaza Joanic amaneció poco después de publicarse *Lux* con un mural dedicado a Rosalía. Mejor dicho, a *Santa Rosalía*. El artista urbano TVBoy se apuntó al concepto de mística femenina que encierra el álbum, y decidió retratarla con iconografía cristiana. De hecho, no era la primera vez que lo hacía, pues en el 2019 la recreó en el Fossar de les Moreres con una cruz en una mano y una calavera en la otra. "Me gustaría seguir con una serie de grandes de Barcelona, Rosalía es la principal marca de exportación al extranjero", decía el artista italiano a la prensa que acudió a interesarse por el proceso de creación (y al policía que le pedía la documentación).

Rosalía, por ahí por Barcelona…

Del modernismo a una David Bowie nacional

"Lo bonito es eso, que Rosalía es una gran figura y es catalana. Es como si Prince hubiera salido de aquí". La frase es de Carlus Padrissa, con el que conversamos camino de L'Auditori de Barcelona. El cofundador de La Fura dels Baus resume un sentir colectivo sobre la protagonista de este libro. En la sala de conciertos, músicos árabes e israelíes de la West-Eastern Divan Orchestra se preparan para celebrar los 90 años del legendario Zubin Mehta. Pero por los pasillos no es raro oír hablar de "la Rosalía".

No es que a los melómanos de la clásica les vaya a pirrar la incursión que ha hecho en el sinfonismo y la música coral en su último álbum, pero la colaboración de Rosalía con la London Symphony, la Escolania de Montserrat o el Cor de Cambra del Palau ha sido muy bien acogida por el público catalán de la clásica. A partir de ahora, esa chica no va a pasarles desapercibida. Saben que la artista ha invertido un año en documentarse sobre algunas poetas místicas para las letras y el concepto de su nuevo disco. Agradecen a la cantante que haya promocionado la música sinfónica entre millones de jóvenes digitales del planeta. Incluso que les haya despertado interés por la ópera.

Mucha gente ha valorado esa apuesta por la clásica en temas como *Berghain*. Y cuidado con atreverse a insinuar lo contrario, que aparecen legiones de fans de Rosalía que pueden devorar al incauto en redes en un plis plas. Es lo que le pasó al divulgador del género Ramon Gener cuando dijo que el micrófono convierte a cualquiera en cantante. En realidad pretendía indicar que la técnica vocal clásica no depende del micrófono sino de la proyección natural de la voz.

"Decir que no es ópera lo que hace Rosalía en Berghain no implica ningún juicio de valor negativo sino una cuestión estrictamente terminológica y técnica", comenta el periodista y representante de cantantes líricos Aleix Palau. "La ópera es un género musical y escénico muy concreto, con una tradición histórica definida que se basa en la voz lírica no amplificada; es decir, se basa en una técnica vocal específica y en una escritura musical pensada para espacios acústicos. Y todo eso forma parte de una dramaturgia musical continua".

Es decir, que nadie faltaría a la verdad si dijera que lo que hace Rosalía en esa canción se inscribe en otro ámbito: el de la performance musical contemporánea, híbrida, amplificada y vinculada a códigos del pop, la electrónica, el arte sonoro, el *crossover*... En definitiva: lo que sería el canto lírico en estas tendencias modernas ligadas al mundo electrónico. Pero no utiliza el lenguaje propio de la ópera ni comparte los fundamentos técnicos.

El mundo de la cultura en Catalunya está pendiente de los próximos pasos de Rosalía. Ella recurre sin problemas a creadores contemporáneos para lograr la excelencia en cada una de sus piezas musicales, también en un lenguaje como el sinfónico. No utiliza negros anónimos, sino que llama a puertas de artistas reconocidos de la vanguardia mundial: Caroline Shaw; uno de los miembros de Daft Punk; el líder de OneRepublic; Björk; Yves Tumor; Noah Goldstein; Dylan Wiggins... y le dirige la orquesta Daníel Bjarnason. Este compositor islandés ha valorado la capacidad que tiene Rosalía de crear nuevos mundos, de trascender el pop y empaparse de la profundidad y la belleza de la música clásica y la ópera. Y de mezclar conceptos diametralmente distintos y lograr que se sienta como algo fresco y orgánico.

Porque lo suyo en *Lux* ya no puede calificarse de conjunto de canciones. La propia Rosalía ha querido presentarlo como una opus en cuatro movimientos que a su vez incorporan temas. Bernat Vivancos, que estuvo invitado a la *listening party* del disco en el MNAC, ve un acierto en el aspecto de ritual que tuvo la audición, desde la primera a la última pieza sonando por unos superaltavoces. "Encontré que Rosalía tenía en cuenta la experiencia de la música cuando es transformadora. El single *Berghain* lo había escuchado por el móvil y no me impresionó. Y en cambio allí tuvo mucho sentido musical. Vale que los violines suenan artificiales aunque sea una buena orquesta, y vale que armónicamente se trata de cuatro funciones tonales, pero tenía sentido. Por mí, *chapeau*".

Rosalía se autoimpone, no obstante, la misión de llegar al gran, al grandísimo público, que en esta ocasión puede ampliar su franja de edad a generaciones más mayores que los de *Motomami* o *El mal querer*. Eso sí, con su performance videográfica sigue manteniendo la atención de la audiencia joven. Ha pasado de los primeros planos de los culos sobre las motos de *Saoko* –"yo soy muy mía, yo me transformo", dice la canción– a la aureola de santidad que atraviesa *Lux*. Rosalía da saltos mortales con la seguridad de un David Bowie.

Rosalía, por ahí por Barcelona...

"Justamente me recuerda a Bowie, porque es alguien que se mete en terrenos insospechados –corrobora Enric Palau, ex del Sónar–. Sorprende la dirección que ha tomado en este *Lux*, atreviéndose con cuestiones complejas. Eso de meterse hoy día en el jardín de las creencias y las religiones es de una gran valentía. Es la antimodernidad. Nadie se plantea que sea *cool*. Y, en cambio, ella hace de esto no solo una cuestión estética sino una reflexión; es algo pensado. Hace un trabajo discursivo muy interesante. Se viste de misionera, pero eso, ella, lo lleva a un campo increíble. No ha salido a decir que se haya convertido al catolicismo. Lo que quiere es reflexionar sobre las creencias y los sentimientos. Y como artísticamente es tan rotunda, sale victoriosa de algunas polémicas que han surgido".

Rosalía huye de clichés, huye de las tensiones y las peleas. Pero acaba creando una letra en la que le canta las cuarenta a una hipotética o real expareja, y eso crea himnos muy cercanos a la gente. En *Motomami* iba en moto y se ponía un casco con orejas, y ya había dado con un lenguaje muy cercano. Porque son tics que se aproximan a la amiga de barrio que muchos jóvenes tienen ahora mismo, pero con un acabado muy perfecto, una belleza especial y muy potente en voz y baile. Y al mismo tiempo tierna y contundente. Siempre conectando con lo emocional a través de la voz.

Bowie construía personajes completos (Ziggy Stardust, Aladdin Sane, White Duke) que tenían biografía, psicología, estética y discursos propios. No era solo estilismo: era dramaturgia conceptual. La ropa era una pieza dentro de una arquitectura narrativa muy pensada. Rosalía no hace exactamente eso, pero sí trabaja el concepto visual con una profundidad poco habitual en el pop actual. Y no crea personajes cerrados, pero sí muta su identidad estética según el proyecto. No se convierte en otro, sino que reconfigura su propia presencia pública. El vestuario en su caso no es parte de una ficción escénica sino que opera como símbolo cultural: tradición versus industria, lo castizo versus lo global, lo íntimo versus lo hiperexpuesto. Es menos teatral, en el sentido narrativo clásico, y más conceptual.

No ha construido hasta ahora una mitología ficcional tan radicalmente separada de su persona como Bowie hizo en los años setenta. Su trabajo es más autorreferencial y contemporáneo. Pero al igual que el autor de *Starman*, piensa la imagen como parte de la obra, no como un accesorio. Y las mutaciones, en ambos casos, no parecen cosméticas ni una estrategia de marketing. Bowie no repetía fórmula: del folk mod sesentero a Ziggy, luego soul en *Young Americans*, luego la etapa en Berlín experimental...

Rosalía, por ahí por Barcelona...

• Su transformación en 'Motomami' implicó tics y actitudes en conexión con un público más juvenil. | ALVG

Del modernismo a una David Bowie nacional

Rosalía pasa de un flamenco ortodoxo en *Los ángeles* a la arquitectura conceptual de *El mal querer*, de ahí a la fragmentación hipercontemporánea de *Motomami*... Ninguno de los dos parece sentirse a gusto en la quietud. Eso no es *branding*: es pulsión artística.

Bowie toma la tradición británica, el kabuki japonés, la mímica, el soul estadounidense, el krautrock alemán... y lo reconfigura. Rosalía toma el flamenco, la copla, el reguetón, la bachata, el pop industrial... y los desarma para recomponerlos. La clave no es mezclar, sino descontextualizar y recontextualizar. Bowie arriesgaba siendo ambiguo –cuando eso era subversivo–, y Rosalía arriesga en un mundo donde ser híbrido es la norma, pero lo lleva al extremo dentro de un *mainstream*. Uno tensionaba los límites sociales; la otra tensiona los límites estéticos dentro del pop global. Eso sí, siempre conectando su obra emocionalmente con su público.

Es como el modernismo de Gaudí, que no se mira, sino que se toca, se recorre, se siente, con curvas que invitan a movimiento, espacios que sugieren refugio o asombro. Una experiencia multisensorial que provoca una conexión emocional más profunda que otra arquitectura estrictamente funcional. Un modernismo que habla al cuerpo y al espíritu, que mezcla lo natural con lo simbólico, lo sorprendente con lo íntimo, lo técnico con lo humano... El arte de Rosalía también procura refugio y asombro y habla a la vez al cuerpo y al espíritu. Es lo que hemos querido contarles.